말로 표현하면 모든 슬픔이

The Magic of Verbalization

사라질 거야

나도 몰랐던 내면의 상처까지 치유하는 언어의 심리학

말로 표현하면 모든 슬픔이

The Magic of Verbalization

가바사와 시온 지음 | 이주희 옮김

사라질 거야

📖 동양북스

언어화(言語化)란 바닷속 깊은 곳에 잠겨 있는 침몰선을
수면 위로 끌어올리는 작업과 같다.
육지 위로 끌어와 안을 들여다보면 뭐가 문제였는지를
상세히 조사할 수 있다.

_ 본문 중에서

말할 수 없는 일, 말하지 못한 일,
이런 일들이 마음속에 쌓이기만 하면
엄청난 스트레스를 받고 질병으로도 이어진다.

_ 본문 중에서

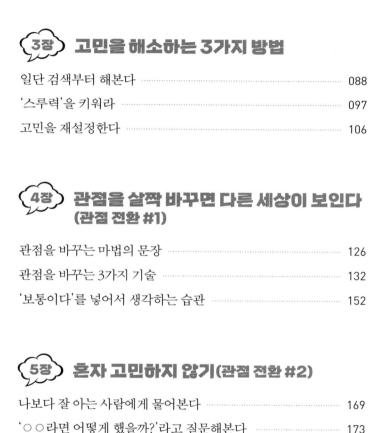

9장 **고민이 사라지는 궁극의 방법**

고민은 자기 성장의 다른 말이다

당신의 고민은 해소할 수 있습니다. 그것도 아주 간단한 방법으로.

살다 보면 누구나 고민이 생깁니다. 이 책은 괴로움과 고통의 원인인 그 고민으로부터 당신을 해방시켜 줄 것입니다.

4명 중 3명은 고민이 있다

'고민'이 있는 사람은 얼마나 될까요?

제 트위터 계정(팔로워 13만 명)에서 '당신은 고민이 있습니까?'(투표수 1066표)라고 물어봤습니다. 결과는 '고민이 있다'가 75.9%, '(심각한) 고민은 없다'가 24.1%였습니다.

저는 오히려 '고민이 없다'고 답한 사람이 4분의 1이나 된다는 것에 놀랐습니다. 물론 4명 중 3명은 고민이 있고 지금도 그것 때문에 괴로워하고 있습니다. 혹시 몰라 질문을 좀 바꿔서 '당신은 고민을 해결할 수 있습니까?'(투표수 633표)라고 다시 물어봤습니다. 결과는 '해결하기 어렵다'가 77.4%, '(비교적 간단하게) 해결한다'가 22.6%였습니다. 재미있게도 '고민이 없는 사람'과 '고민을 해결할 수 있는 사람'의 비율이 거의 비슷하게 나왔습니다. '고민이 없다'고 대답한 사람은 애초에 고민이 전혀 없는 마음 편한 사람이라기보다는 고민이 생겨도 스스로 해결할 수 있는 사람이었던 거죠.

만약 고민이 있는데 그것을 극복하면 반드시 '자기 성장'을 이루게 됩니다. 그리고 자기 성장을 하게 되면 문제 해결력이 생기기 때문에 그 이후에 생긴 고민은 더 쉽게 극복할 수 있습니다. 고민이 있는데 해결하지 못하는 75%의 사람은 스트레스를 받으면서 정체돼 있습니다. 그와 반대로 나머지 25%의 사람은 고민이 생겨도 얼른 해결하고 자기 성장의 계단을 성큼성큼 올라갑니다. 만약 이들처럼 고민을 해결하는

4명 중 3명은 고민을 해결하지 못한다

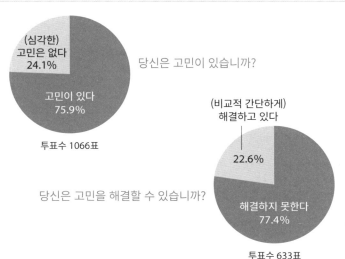

말로 표현하면 모든 슬픔이 사라질 거야

힘을 갖고 있다면 어떻게 될까요? 인생이 훨씬 더 가벼워지지 않을까요? 만약 내 안에 이런 힘을 장착할 수만 있다면 자신감과 긍정적인 생각이 우러나오고 이는 선순환으로 이어집니다.

고민의 본질은 바로 '정체'

그렇다면 고민이란 건 뭘까요? 사전을 찾아보면 '걱정되는 일. 마음의 고통'이라고 나오는데, 저의 해석을 조금 덧붙이자면 '곤란하고 괴로운 문제에 부딪혀서 앞으로 나아가지 못하고 정체된, 제자리걸음하고 있는 상태'라고 할 수 있습니다.

저는 이 '앞으로 나아가지 못하는, 정체, 제자리걸음' 상태가 바로 고민의 본질이라고 생각합니다. 그동안 증상이 나아지지 않는 내담자를 많이 만나면서 그렇게 생각하게 되었습니다. **사람이 아무리 힘들어도 조금이라도 앞으로 나아갈 힘이 있다면 상황은 조금이라도 나아지고 고민은 서서히 가벼워집니다.** 바로 이 점이 키포인트입니다.

고민을 해소하면 마음이 편해진다

저는 정신과 의사로서 수많은 내담자들의 고민을 들었습니다. 내담자의 고통을 줄여주는 것이 저의 일이지만 대부분 제가 하는 일은 사람들의 고민을 듣는 것이었습니다. 저는 지금까지 40권의 책을 냈습니다. 최근에는 건강하게 살기, 스트레스 없이 살기, 행복하게 살기, 즐겁게 살기 등 삶의 방식을 주제로 구체적으로 실천할 수 있는 방법을 알려주는 책을 많이 썼습니다. 유튜브 '정신과 의사 가바사와 시온의 가바 채널'을 통해서도 많은 사람들과 교류하고 있습니다. 이 채널에서는 일문일답 형식으로 구독자들의 고민과 질문에 답하고 있는데, 그 영상들이 벌써 4000개가 넘었습니다. 2014년에 시작한 이 채널을 지금까지도 운영할 수 있다는 사실이 감개무량할 뿐입니다. 그 밖에도 잡지 연재나 강연 등도 하고 있습니다. 저의 이런 모든 활동은 '좋은 정보를 통해 정신질환을 예방한다'는 것을 목표로 하고 있습니다.

아무리 작은 고민이라도 그냥 방치해두면 나중에 심각한 고민이 되어 괴로움과 고통이라는 부정적인 감정의 원인이 됩니다. 게다가 여기에 외부 스트레스까지 겹치면 점점 더 대응하기가 어려워지고 마음이 잠식되면서 정신질환에 이르기도 합니다. 심한 경우에는 상태가 극에 달하고 깊은 절망에 빠져 자살까지 하게 되는 것입니다. 그러므로 우선 고민을 해소해야 합니다. 처음 고민이 생겼을 때부터 해소하게 되면 자살까지 가는 경우는 대폭 줄어듭니다. 저는 이것이야말로 정신과 의사의 궁극적인 역할이라고 믿으며 매일 유튜브에 영상을 올리고 있습니다.

모든 사람이 비슷한 고민을 하고 있구나

4000개의 영상을 올렸다는 것은 즉 4000개의 고민에 답했다는 뜻입니다. 4000개는 실로 방대한 양입니다. 그런데 많은 사람들이 매일 다양한 종류의 고민에 대해 상담 요청을 할 것 같지만, 실제로는 정말 비슷한 고민에 대해 이야기합니다. 매일 30건 이상, 한 달이면 1000건 이상의 질문이 들어오는데 그중 95% 이상이 같은 내용입니다. 혹은 이미 과거에 올린 영상에서 답변했던 질문들입니다. 이런 과정을 통해서 저는 깨닫게 되었습니다. '인간의 고민이라는 것은 종류가 많은 것

이 아니구나. **거의 모든 사람이 비슷한 고민을 하고 있구나'
라고 말이에요.** 어떤 질문에 대한 답변 영상을 올린다고 해
도 3일만 지나면 또 똑같은 질문이 들어옵니다. 답을 하고 또
한다고 해서 똑같은 고민이 줄어드는 일은 없습니다.

고민을 간단히 해소하자

저는 8년 동안 4000개의 고민에 답하면서 인간의 고민을 종
합적으로 분석할 수 있겠다는 생각이 들었습니다. 매일 비슷
한 질문이 들어오니 패턴별로 분류해서 한 권의 책으로 만
든다면 그것만 봐도 모든 고민에 대응할 수 있겠다는 생각
이 들었거든요. 그래서 크게 세 가지로 고민을 나눠서 정리
해봤습니다.

본문에서 제시하는 '고민의 3가지 축'을 이용하면 누구나
거의 순식간에 자신의 고민을 이해하고 분석할 수 있게 됩니
다. 그리고 그 분석을 통해 앞으로 어떻게 대처해야 할지 스
스로 도출할 수 있습니다. 이 대처법에 따라 행동하기만 하
면 됩니다. 그러면 고민은 점점 사라질 것입니다. 이 책은

제가 정신과 의사로서 쌓은 30년 동안의 임상 경험, 그리고 4000개의 유튜브 영상을 집대성한 결과물입니다. 부디 이 책을 읽는 독자분들이 고민을 해소할 때 도움이 되길 바랍니다. 당신의 인생이 바뀌길 바랍니다.

2022년 10월

가바사와 시온

우선은 고민을 이해하는 것부터 시작하겠습니다. 지금 당신이 떠안고 있는 고민은 어떤 것인가요? 고민을 하고 있는 사람에게는 3가지 특징이 있습니다. 이 점을 이해하면 고민을 해소할 방법이 보입니다.

고민의 3가지 특징

특징 1 부정적인 감정에 휩싸여 있다

고민이 있는 사람의 공통점은 힘들고 괴롭다는 부정적인 감정에 지배당하고 있다는 것입니다. 힘들다, 괴롭다, 고통스럽다, 싫다, 불안하다, 걱정이다, 도망치고 싶다, 죽고 싶다 같은 감정은 스트레스가 정말 심할 때 느낍니다. 예를 들어 A라는 사람이 "아 싫다. 회사 일 때문에 너무 힘들어"라고 웃으면서 말했습니다. A는 지금 고민을 하는 걸까요? 정답은 '아니요'입니다. A와 대화를 나눈 당신 눈에도 A가 부정적인 감정에 휩싸여 있는 것처럼 보이지 않을 겁니다. 힘들고 괴롭지 않다면 고민이 아니기 때문입니다.

　그러나 A와 완전히 똑같은 문제를 겪고 있는데 만약 정말 힘들고 괴롭다면 그것은 고민입니다. **여기서 중요한 것은 트러블이나 문제가 곧 고민은 아니라는 것. 그리고 고민을 해소하기 위해 반드시 원인(트러블이나 문제)을 제거할 필요는 없다는 것입니다.**

　문제가 있어도 웃으면서 말할 수 있다면 즉, 부정적인 감정을 제거할 수 있다면 고민의 90%는 이미 해결된 것이나 마찬가지입니다.

특징 2 뭘 해야 할지 모른다

고민을 안고 있는 사람이 반드시 하는 말이 있습니다.

　"아 어떡하지, 어쩌지." "어떻게 해야 할지 모르겠어."

　이 말은 바꿔 말하면 '대처법을 모르겠다'는 뜻입니다. 대처법을 모르면 고민, 곤경, 트러블이 생겼을 때 아무런 행동을 할 수가 없습니다. 어찌할 수 없다는 막막함, 자신이 통제할 수 없다는 좌절감으로 더욱 궁지에 몰리고, 혼란스러운 상태에서 벗어나지 못합니다. 그런데 이때 '일단 ○○하기'라는 대처법이나 해야 할 일(To Do)이 명확하게 있으면 불안하지 않습니다. 예를 들어 지금 부하 직원이 머리를 싸매고 있습니다. 납품일에 문제가 생겨서 거래처에서 크게 화를 내고 계약을 해지하겠다고 합니다. 그런데 거래처에 가서 사과했느냐고 묻자 '아직'이라고 합니다.

"뭐라도 사서 전해드리면서 미안하다고 사과하세요!"

이 말을 들은 부하 직원은 바로 거래처로 뛰쳐나갔습니다. 아주 소소한 에피소드지만 뭘 어떻게 해야 할지 몰랐던 부하 직원은 '사죄하러 간다'는 대처법을 얻고 바로 실행에 옮길 수 있었습니다. **고민을 안고 있는 사람은 어떻게 해야 할지 모르는 상황 때문에 불안해지고 공황에 빠집니다. '대처법', 'TO DO'가 명확하다면 그것을 행동으로 옮기기만 하면 됩니다.**

이렇게 막상 실행에 옮길 수만 있으면 '어떻게든 될 것 같다'는 희망이 보이기 시작하고 부정적인 감정은 사그라듭니다. 다만 해야 할 일을 알고 있는데도 아무런 행동을 하지 않는다면 그것은 고민이나 트러블이 아니라 '태만'입니다. 대처법을 알기만 해도 고민의 90%는 해소된 것이나 마찬가지입니다.

특징 3 생각이나 행동이 정지된다

사람은 막막함이나 절망감을 느끼게 되면 "이제 어쩔 수 없어", "어떻게 해도 안 돼"라며 망연자실해합니다. 불안 때문에 생각과 행동이 정지 상태가 되는 것입니다. 이른바 머릿속이 하얘지는 상태죠. 이는 불안에 의해 뇌내 물질인 노르아드레날린이 과잉 분비되기 때문입니다. 이는 생물학적, 뇌 과학적인 구조로 일어나는 현상이므로 당신의 성격이나 능력과는 관련이 없습니다. 따라서 자신을 비난할 필요도 없습니다.

또 역으로 생각해보면 이 **정체 현상을 조금이라도 개선할 수만 있다면 막막함이나 절망감도 줄일 수 있다는 뜻이기도 합니다.** 그렇게 되면 행동을 할 수 있게 되고 머리 회전도 빨라집니다. 아이디어나 해결법이 떠올라서 고민과 트러블, 곤란한 상황이 순식간에 개선됩니다. 정체에서 한 발짝 벗어나기만 해도 고민의 90%는 해소된 것이나 마찬가지라는 거죠.

힘들다, 괴롭다

도망치고 싶다

죽고 싶다

정신적으로 괴롭다

고민의 특징1 부정적인 감정에 휩싸여 있다

아,
어쩌지, 어떡하지

어떻게 해야 할지
모르겠어

막막함

고민의 특징2 뭘 해야 할지 모른다

아무것도 못 하겠다

앞으로 나아갈 수 없다

더욱 힘들다, 괴롭다

사고 정지, 행동 정지

고민의 특징3 생각이나 행동이 정지된다

고민은 해결하는 것이 아니라
조금씩 해소하는 것

어차피 원인을 없애기는 어렵다

고민이 생기면 많은 사람들이 근본적인 해결을 추구합니다. 고민의 원인을 없애려고 하는 거죠. 빨리 고민에서 벗어나고 싶기 때문일 겁니다. 그런데 우선 이 생각부터 바꿔야 합니다. 목표가 너무 높기 때문입니다. 애초에 해결이 어려운 문제이기 때문에 고민이 된 것입니다. 갑자기 그 원인을 제거하는 것은 불가능한 미션입니다. 불가능한 일을 무리하게 처리하려고 하니 고통이 커지는 건 너무나 당연합니다.

　앞서 고민의 3가지 특징에 대해 말씀드렸습니다. 이 말은 대처법을 알고, 괴로움이 사라지고, 조금이라도 생각에 진전이 있다면 이미 그 고민은 고민이 아니라는 것과 같은 말입니다. 그러므로 반드시 문제를 해결하거나 원인을 제거할 필요는 없습니다. **이렇게 고민을 해소하기 위해서 근본적인 원인을 제거할 필요가 없다는 사실. 이것을 인정하기만 해도 마음은 훨씬 편해집니다.** 그렇다면 뭘 하면 될까요?

일단 할 수 있는 일을 하나씩 해보세요. 우선은 그것만으로도 충분합니다. -10점 상태인데 근본적인 원인을 제거해서 0점으로 바꾸기는 쉽지 않습니다. 우선은 -10점을 -9점으로 만드는 것을 목표로 해야 합니다. 그 정도라면 할 수 있겠다는 생각이 들지 않나요? **단 1점이라도 플러스 방향으로 움직인다면 '어떻게든 되겠지'라는 감각이 생겨납니다.** 이렇게만 생각해도, 어쩔 수 없는 정체 상태에서 이미 탈출했다는 것을 깨닫게 됩니다. 그다음은 -9점을 -8점으로, 그리고 -8점을 -7점으로 만드세요. 그러면 부정적인 감정은 점점 사라지고 상황도 점점 나아집니다.

이 책에서는 고민 해결이 아니라 고민 '해소'라는 말을 쓰겠습니다. 해결은 한 번에 사라진다는 이미지가 있는데, 몇 번이나 말했지만 그것은 불가능합니다. 그보다는 지금 내가

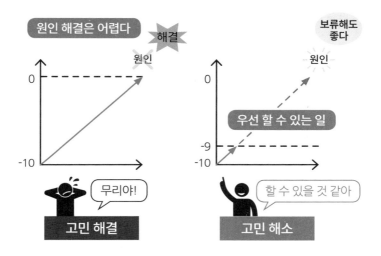

고민은 해결하지 마라! 해소해라!

할 수 있는 일을 차곡차곡 해나가면서 조금씩 고민을 줄여보세요. 조금씩 해소하는 것이라면 누구라도 할 수 있습니다. **근본적인 원인은 일단 생각하지 말고, 당장 내가 할 수 있는 것을 하는 것, 그것이 정말 중요합니다.**

상사는 바꿀 수 없다, 그렇다면 바꿀 수 있는 것은 무엇일까?

"상사와 사이가 좋지 않다. 그래서 회사 생활이 즐겁지 않다. 매일 회사에 가는 것도 괴롭다. 회사를 그만두고 싶다."

직장 내 인간관계 중 가장 흔한 고민 중의 하나입니다. 이 경우에도 근본적인 원인을 없애려고 한다면 첫째, 상사가 사라지거나 둘째, 자신이 사라지거나 이 두 가지 선택지밖에 없습니다. 상사가 전근이나 이직을 할 가능성이 없다면 자신이 회사를 그만두는 수밖에 없다는 결단에 이릅니다. 그런데 흑 아니면 백, 0 아니면 100 같은 극단적인 사고는 결코 좋은 결론이 나올 수가 없습니다. 그 대신에 조금씩 상황을 개선하면서 고민을 해소하는 걸 목표로 삼는다면 다음과 같은 대처법을 생각해볼 수 있습니다.

> ▶ 당신의 업무 능력, 실적을 올리고 상사의 평가, 신뢰도 높이기(상사가 봤을 때 써먹을 수 있는 부하 되기).
> ▶ 보고, 연락, 상담 잘하기. 소통의 질과 양을 개선하기(상사와의 소통 개선).
> ▶ 상사가 좋아할 만한 일하기(친절. 옥시토신 분비에 의한 친밀도 상승).

▶ 직장에서 동료나 부하, 후배와의 관계 강화하기(상사 이외의 인간 관계로 보충하기).

▶ 가스 빼기. 힘든 일은 누군가에게 상담하기(스트레스, 부정적인 감정을 발산하기).

▶ 퇴근 후에 즐거운 일 하기(일 이외의 즐거움을 늘리기).

▶ 헬스장에 가서 땀을 흘리고 스트레스 호르몬 줄이기(몸 관리, 운동).

▶ 아침 산책으로 세로토닌 분비를 높이고 감정을 안정시키기(정돈).

한 마디로 **상대를 바꾸는 게 아니라 자신을 바꾸라는 말입니다.** 자신의 생각이나 행동을 바꾸는 것으로 충분합니다. 문제의 원인인 상사를 바꾸는 것은 거의 불가능하지만 자신을 바꾸는 것은 자신의 의지로 100% 가능합니다. '과거와 타인은 바꿀 수 없다'는 말이 있지만, **인간은 바꿀 수 없어도 인간관계는 바꿀 수 있습니다.** 사이가 나쁜 상사와의 관계에서 탈출하거나 또는 신경 쓰이지 않을 정도로 개선하는 것은 충분히 가능합니다. **고민은 '해결'하는 것이 아닙니다. 마음속의 스트레스, 답답함, 불안을 제거하여 '해소'하는 것입니다.**

구체적인 방법으로는 관점 전환, 언어화, 행동화라는 3가지가 있습니다. 이것에 대해서는 2장에서 다시 이야기하고 우선 여기서는 고민을 이해하고 인식하는 법에 대해 조금 더 말씀드리겠습니다.

고민의 3가지 장점

거의 모든 사람들이 고민을 부정적인 것이라고 생각합니다. 대단히 나쁜 것, 한시라도 빨리 떨쳐버리고 싶은 마음의 이물질 정도로 생각합니다. 또 '고민＝악'이라고 생각하는 사람은 고민하는 자신, 고민을 해결하지 못하는 자신을 못난 인간, 최악의 인간이라고 생각하기 때문에 자존감이 낮아집니다. 그러면 불안감이 늘어나고 **작업 기억**(working memory, **뇌의 작업 영역**) 용량도 줄어들어 사고 정지에 빠집니다. 말 그대로 고민의 늪으로 빠지는 거죠. 하지만 고민이 완전 나쁜 것만은 아닙니다. 여기서는 고민의 3가지 장점에 대해 생각해보고 '고민＝악'이라는 인식을 바꿔보겠습니다.

장점 1 고민은 인생의 양념

육상 경기 중에 허들 경기라는 것이 있습니다. 허들이 없으면 그 경기의 재미는 사라질 뿐만 아니라 애초에 경기 자체가 성립이 안 됩니다. 태어나서 죽을 때까지 한 번도 고민하지 않는 인생이란 없습니다. 그런 인생은 실로 따분합니다. 인생에도 허들은 반드시 나타납니다. 중요한 것은 허들 앞에서 멈추지 않는 것입니다. 또는 허들을 넘다 넘어져서 다치는 걸 조심하면 됩니다. 그러려면 허들을 잘 뛰어넘는 기술이 필요하겠죠.

스트레스나 부정적인 감정을 처리하고 넘기는 기술(스루력) 그리고 멈추지 않고 앞으로 나아가는 회복 탄력성. 이것을 키우는 방법을 알려드리는 것이 이 책의 목적 중 하나입니다.

고민, 곤란한 일, 트러블, 큰 사건이 없다면 인간은 성장할 수 없습니다. 곤란한 일도 없이, 걱정거리도 없이 순풍에 유유히 흘러가는 돛단배 같은 인생은 얼마나 지루할까요.

피자에는 핫소스를 몇 방울 뿌려야 훨씬 맛있습니다. 다만 너무 많이 뿌리면 매워서 못 먹을 수도 있으니 적당하게 뿌리면 됩니다. 고민을 핫소스라고 생각해보세요. 인생의 양념이라고 말이에요. 고민은 당신의 인생을 더 재미있게, 더 풍요롭게 해주는 양념 같은 존재라고 말이에요.

장점 2 고민은 마음 근육 트레이닝

고민을 안고 있는 동안, '나는 지금 마음 근육 트레이닝 중이다'라고 생각해도 좋습니다. 근육 트레이닝이란 일상에서는 들 일이 없는 무게(중량)를 가하여 신체 근육을 단련하는 것입니다. 약간은 부담이 가는 무게를 들어야 트레이닝 효과가 납니다. 몸에 부담이 전혀 가지 않는 쉬운 트레이닝만으로는 근육이 붙을 리 없습니다.

한참 고민 중인 사람에게는 힘들고 괴로운 무게가 가해집니다. 하지만 그것을 뛰어넘었을 때는 그만큼 크게 성장합니다. 롤플레잉 게임의 보스 캐릭터를 생각해보세요. 보스는 분명 만만치 않은 상대지만 넘어트리면 팡파레가 울리고 귀중한 아이템, 수많은 금, 더 강한 무기와 방어 장비, 많은 경험치를 얻고 다음 스테이지로 넘어갈 수 있습니다.

어려움이 있어야 성장할 수 있다는 건 진리입니다. 쉬운 일만 하면 자기 성장은 없습니다. 이렇게 생각하면 고통도 필요한 경험으로 받아들일 수 있습니다. 오히려 대환영해야 할 일이죠. 고통이 커지면 얻게 되는 경험치도 커집니다.

마음 근육 트레이닝을 하지 않으면, 유리 멘탈이 된다

경영자인 친구로부터 들은 실제 이야기입니다.

일류 대학을 졸업하고 대기업에 취직한 B 씨. 그는 모두가 인정하는 엘리트로 누구나 부러워하는 순탄한 인생을 살았습니다. 그런데 입사한 지 한 달째 되던 날, 작은 실수를 해서 상사로부터 지적을 받았습니다. 심하게 꾸짖은 것도 아니고 가볍게 주의를 준 정도였습니다. 문제는 다음 날부터 B 씨가 회사에 출근하지 않았다는 겁니다. 며칠 쉬겠다는 연락을 한 것도 아니고 한동안 그렇게 연락이 두절된 상태로 지내다가 결국에는 사직서를 보냈다고 합니다.

사회인으로서 일을 하려면 최소한의 정신력은 필요합니다. 여기서 말하는 정신력이란 회복 탄력성을 말합니다. 회복 탄력성이 있으면 스트레스가 생겼을 때도 유연하게 대처할 수 있습니다. 하지만 마음 근육 트레이닝을 경험하지 못한 B씨의 마음은 단 한 번의 좌절감만으로 툭 하고 부러져버렸습니다. 이른바 '마음의 골절'이라고 할 수 있습니다. 크게 실패했을 때, 부모님이나 선생님에게 혼났을 때, 좋아하는 사람에게 차였을 때. 이 모든 경험이 당신의 회복 탄력성을 단련시켜 준다고 생각해보세요. 몇 번이든 반복해서 말씀드릴 수 있습니다. 고민은 마음 근육을 단련시키는 훈련입니다. 고통을 뛰어넘을 수 있다면 틀림없이 성장하고 큰 자신감을 얻을 수 있습니다. 고민과 역경, 괴로운 사건이 생겼을 때 도망치려고 하지 말고 이 말을 꼭 기억해보세요.

장점 3 고민은 성장의 길잡이

지금보다 일을 잘하고 싶다.

지금보다 소통 능력을 키우고 싶다.

지금보다 인간성을 키우고 싶다.

지금보다 인기가 많아지고 싶다.

지금보다 부자가 되고 싶다.

지금보다 행복해지고 싶다.

　많은 사람이 이런 향상심을 갖고 있습니다. 하지만 그렇게 되기 위해 지금 해야 할 일이 무엇인지를 아는 사람은 얼마나 될까요? 무엇부터 시작해야 좋을지 몰라서 아무것도 하지 않은 채 발만 동동 구르고 있는 사람이 많습니다. 눈앞에 벽이 가로막고 있기 때문입니다. 이 벽을 뛰어넘어야 '○○하고 싶다'는 꿈을 이룰 수 있습니다.

　성장이란 어제 하지 못했던 일을 오늘 할 수 있게 되는 것, 또는 새로운 일을 (전보다 쉽고 효과적으로) 할 수 있게 되는 것이라고 저는 생각합니다. 고민을 뛰어넘어 앞으로 나아간 뒤에는 반드시 성장이 따라옵니다. 그러므로 고민이란 당신이 나아가야 할 길을 보여주는 길잡이입니다. 길잡이를 따라 앞으로 나아가며 수많은 고민을 뛰어넘었을 때 당신은 얼마나 성장해 있을까요.

고민을 분석하면 자기 자신이 보인다

고민은 당신의 결점, 단점, 미흡한 점, 부족한 점과 관련이 있습니다. 당연한 말이지만 당신이 아주 잘하는 것은 고민의 대상이 아닐 겁니다. 고민을 분석해보면 자기 자신이 보입니다. 자신의 약점이나 부족한 점, 때로는 자신이 무엇을 피해 도망치고 있는지도 보입니다. 그렇다고 비관할 필요는 없습니다. 자신의 약점을 책망하고 움츠러들 것도 없습니다. 고치고 개선하면 오히려 비약적으로 성장할 수 있으니까요.

그런데 많은 사람들이 자신의 약점이나 결점에서는 눈을 떼려고 합니다. 이는 인간의 자연스러운 심리입니다. 그래서 의외로 자신의 약점을 정확하게 알고 있는 사람도 드뭅니다. **그러므로 당신이 이걸 알게 된다는 건 크게 성장할 수 있는 절호의 기회인 거죠.** 자, 이제 고민이 생겨도 허들 경기처럼 가볍게 뛰어넘어봅시다. 구체적인 방법을 지금부터 알려드리겠습니다.

고민이 있다는 것, 자신이 고민을 하고 있다는 것 자체를 꼭 부정적으로 받아들이고 비관할 필요는 없습니다. 오히려 자신에게 찾아온 성장의 큰 기회이기 때문입니다. 따라서 고민에 잠식당하지 말고 고민을 분석할 필요가 있습니다. '고민을 분석한다'는 말이 어렵게 들리겠지만 3가지 축을 중심으로 생각해보면 쉽게 이해할 수 있습니다.

통제 축
; 내가 진짜 하고 싶은 일은?

가장 큰 문제는 내 맘대로 할 수 있는 일이 없다는 것

"악덕 기업에 다니고 있어서 매일 너무 힘들어요. 정신병에 걸릴 것 같아요."

노동 환경이 열악하고 스트레스가 많은 일을 하고 있는데 매일 야근까지 한다면 3개월 만에 우울증에 걸리는 것도 이상하지 않습니다. 그런데 한편으로 보면 같은 회사에서 같은 시간 같은 일을 하면서도 3년 이상 멀쩡하게 다니는 사람도 있습니다. 이 두 사람의 차이는 뭘까요? 답은 통제감의 유무입니다. 사실 바쁜 것 자체가 스트레스는 아닙니다. 내가 하

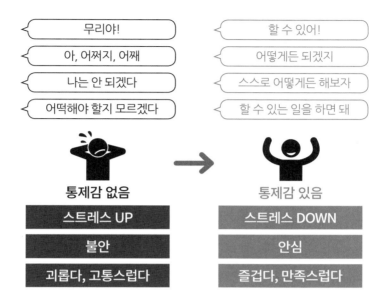

고 있는 일을 나 스스로 통제할 수 없다는 것, 그것이 스트레스입니다. **여기서 통제할 수 없다는 것은 '하고 싶지 않은 일을 억지로 하고 있는 상태'와 같습니다.**

구체적으로 표현해보자면 '마지못해 일을 한다', '생각할 틈도 없이 시키는 대로, 시키는 방식대로 일을 처리해야 한다', '매뉴얼대로 하지 않으면 혼이 나거나 다시 해야 한다', '반박이나 논란의 여지가 없다, 내 의견을 말하는 것이 허용

되지 않는다', '훈수를 두는 사람이 너무 많다', '재량권이 없다', '시간이 촉박하다', '일 처리 방식에 융통성이 없다' 등등의 상황인 거죠. 그런데 완전히 똑같은 환경에서 일한다고 해도 만약 내가 통제감을 갖고 있다면 어떨까요? 오히려 즐겁거나 만족스럽다고 느낄 수도 있습니다.

통제감이 있으면 스트레스는 줄어든다

스웨덴의 심리학자 로버트 카라섹은 어떤 일이 스트레스가 되고 어떻게 하면 직장 스트레스를 줄일 수 있는지를 연구한 이른바 **'직무 스트레스 모델(카라섹 모델)'**을 다음 표와 같이 정리했습니다. 가로축을 '일의 요구도(디멘드)', 세로축을 '일의 재량도(통제감)'로 잡고 다양한 일을 4종류로 분류했습니다. 그림을 보면서 설명하겠습니다.

　　왼쪽 상단 영역의 '재량도가 높고 요구도가 낮은' 경우는 너무 어렵지 않은 일을 자신이 원하는 방식으로 할 수 있다는 뜻이기 때문에 심리적인 부담이 적습니다. 오른쪽 하단 영역의 '재량도가 낮고 요구도가 높은' 경우는 어려운 일을 자율

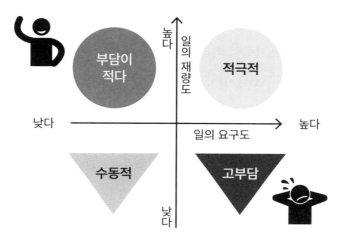

직무 스트레스 모델(카라섹 모델)

성 없이 처리해야 하기 때문에 부담이 높아집니다.

통제감을 갖고 어려운 일을 능숙하게 처리하는 사람은 적극적인 태도를 갖게 되고 학습 의욕 및 동기도 높으며, 만족감도 있습니다(오른쪽 상단 영역). 그와 반대로 단순하고 통제감이 없는 일, 예를 들어 자동화 생산 라인에서 단순 작업을 계속 반복하는 업무를 하는 경우 수동적인 태도를 갖게 되고, 쉽게 무기력해집니다(왼쪽 하단 영역).

이와 관련한 또 다른 연구도 있습니다.

후쿠오카 현의 산업의과대학이 6000명 이상의 노동자를 9년간 추적 조사하여 카라섹 모델과 병의 발병률 및 자살률의 관계를 연구했습니다. 그 결과 '고부담' 그룹은 뇌졸중 발병률이 '저부담' 그룹의 2.73배. '재량도가 낮은' 그룹의 자살률은 '재량도가 높은' 그룹의 4.1배나 되었다고 합니다. 이 결과는 '통제감'의 유무가 심신에 큰 영향을 미친다는 것을 보여줍니다. 이 통제감이라는 것은 일의 종류나 업종에 상관없이 본인이 통제하고 있다고 자각하고 있는 것이 가장 중요한 기준입니다. 단순한 작업이라도 잠시 쉬는 시간에 음악을 듣거나 자신이 하고 싶은 걸 하면서 할 수 있다면 스트레스가 줄어든다는 뜻입니다(물론 업무에 재량권이 주어져도 스스로 계획이나 목표를 잘 세우지 못하는 사람은 오히려 압박감을 느끼는 경우도 있습니다).

똑같은 일을 똑같은 시간에 해도 내가 통제하고 있다고 느끼는 사람은 스트레스가 적고 마음이 편안합니다. 그와 반대로 내가 통제할 수 없다고 느끼면 스트레스는 늘어나고 고통을 느끼는 거죠. 지금 당신의 상황은 어느 쪽인가요?

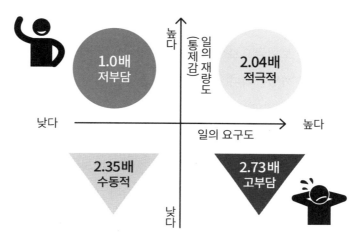

통제감과 뇌졸중 발병률의 관계

'어떻게든 되겠지'라고 말해보자

"빚이 1억 원이 되었다. 죽고 싶다……."

좀 더 이해하기 쉬운 예를 소개해보겠습니다. 가족이 함께 작은 회사를 경영하고 있는 50대 남성 C 씨. 업무 손실로 1억 원의 빚이 생기면서 부인과 함께 병원을 찾아왔습니다. C 씨는 초췌한 모습에 안절부절못하는 상태였습니다. "이번 달 안에 1억 원을 준비하지 못하면 회사가 도산합니다. 가족도

부양할 수 없어요. 더 이상 살아도 의미가 없어요. 제가 죽어야 나오는 보험금으로 갚을 수밖에 없습니다"라는 무시무시한 말까지 꺼냈습니다. 은행에서 대출 상담은 받아봤냐고 물으니 아직 안 해봤다고 답했습니다. 지금까지는 본인의 자금으로 간신히 사업을 해서 대출을 받아본 적이 없다는 것이었습니다. 저는 우선 은행에 가서 대출 상담부터 받아보라고 하고 그날은 아무 약도 처방하지 않았습니다. 1주일 후 C 씨는 마치 다른 사람이 된 것처럼 밝은 표정으로 다시 찾아왔습니다. 은행에 가서 물어봤더니 집과 토지를 담보로 1억 원을 대출해주겠다는 답변을 받았다는 것이었습니다.

"매월 60만 원씩은 갚아야 하지만 그 정도는 어떻게든 될 것 같아요!"

신기하지 않나요? C 씨가 '1억 원의 빚을 지고 있다'는 사실에는 변함이 없습니다. 1주일 전과 비교해서 빚은 1원도 줄어들지 않았습니다.

'1억 원이나 갚아야 하다니, 절대 불가능해. 이제 난 끝이야.'

이렇게 통제감을 잃고 공황 상태가 되어 자살까지 하고 싶다고 말했던 C 씨. 하지만 은행에서 대출 상담을 받고 변제

계획을 세워보니 한 달에 60만 원이면 해결할 수 있는 일이었습니다. 한 달에 60만 원 정도라면 자신이 어떻게든 할 수 있다는 생각이 든 C 씨. 그러자 불안은 순식간에 사라졌습니다. 바로 통제감이 생겼기 때문입니다.

이렇듯 고민의 근본적인 원인을 없애지 못하더라도 나에게 통제감이 있으면 어떻게든 할 수 있다는 감각이 되살아납니다. 그러면 실제로 행동으로 옮길 마음의 여유도 생깁니다.

'아 어쩌지, 이제 방법이 없어, 더 이상은 무리야, 이제 끝이야'라고 생각할 때는 상당히 궁지에 몰린 상황입니다. 그때 정신을 차리고 '어쩔 수 없다'를 '어떻게든 된다'로 바꿀 수 있으면 고민은 해소됩니다.

'이 정도면 어떻게든 할 수 있을 것 같아'
라고 말해보자.
그러면 통제감이 생기고
마음이 편해지기 시작한다.

_가바사와 시온

【고민 분석법1】 통제 가능성을 숫자로 파악하기

당신의 고민은 통제할 수 있는 건가요, 아닌가요? 아마도 거의 모든 사람들이 자신의 고민은 통제할 수 없다고 생각하기 때문에 고민을 할 것입니다. 가능한지 아닌지 오로지 두 가지 선택지만 생각하면 부정적인 사고가 강한 사람은 통제할 수 없다는 쪽으로 기웁니다. 따라서 우선은 통제 가능성이 몇 %인지 수치화해서 생각해보세요.

0이냐 100이냐가 아니라, 0과 100 사이에서 오디오 음량을 조절한다고 상상해보면 됩니다.

통제 가능성이 0%라면 어쩔 도리가 없습니다. 고민할수록 쓸데없는 일일 뿐이니까요. 정말 0%라면 포기하는 수밖에 없습니다. 그러나 단 10%라도 가능성이 있다면 고민 설정을 바꾸거나 관점을 바꾸는 방법 등으로 나의 통제감을 높일 수 있습니다. 그런 다음 통제가 가능한 영역에 집중해서 대처법과 해야 할 일을 행동으로 옮기기만 하면 됩니다. 그러면 꽤 심각한 고민도 서서히 해소할 수 있습니다.

▶ 통제 불가능한 고민과 가능한 고민을 나눠서 생각한다.

▶ 통제 불가능한 고민은 포기한다.

▶ 통제 가능한 영역에 집중해서 서서히 영역을 넓힌다.

◉ 고민 – '내일 소풍을 가는데 비가 올까 봐 걱정이 돼서 잠이 안 온다'

이런 고민을 하는 분들이 생각보다 꽤 많습니다. 이럴 때는 우선 날씨에 대한 나의 통제 가능성이 몇 %인지 생각해보세요. 당신이 어떤 행동을 한다고 해서 내일 날씨를 바꿀 수 있을까요? 절대 불가능합니다. 즉 통제 가능성은 0%입니다. 통제할 수 없는 일은 걱정을 해봤자 아무 소용이 없습니다. 정말로 의미 없는 걱정을 하고 있는 거죠. 그래도 비가 오면 어쩌지 라는 걱정이 사라지지 않아서 잠이 안 온다면 어떻게 해야 할까요? 이때는 '관점 전환'과 '고민 재설정'을 해야 합니다.

◉ 재설정한 고민 – '내일 소풍을 가는데 도중에 비가 오면 어떻게 할까?'

▶ 우산, 비옷 준비하기.

▶ 신발과 가방에 방수 스프레이 뿌려두기.

▶ 비에 젖을 경우를 대비해서 갈아입을 옷 준비하기.

이렇게 고민을 재설정하면 됩니다. 그러면 비가 내려도 괜찮다는 생각이 듭니다. 충분히 대응 가능한 상황, 통제 가능성이 100%가 되었기 때문이죠. 이렇게 준비를 제대로 해두면 불안은 안심으로 바뀝니다. 그러면 푹 잠들 수 있겠죠. 통제 가능성이 낮으면 '어쩔 수가 없다'는 생각이 들지만 통제 가능성이 높으면 '어떻게든 된다'는 생각이 강해집니다.

그러므로 여러분도 뭔가 고민에 빠질 것 같으면 '이 고민의 통제 가능성은 몇 %일까?'라고 스스로에게 물어보세요. 만약 통제 가능성이 낮다면 위의 예처럼 고민 설정을 바꿔서 통제 가능성을 높여보세요.

통제감을 되찾는 3가지 말

이제 통제감이 중요하다는 건 이해가 되셨나요?

물론 이걸 이해한다고 해도 실행으로 옮기기는 쉽지 않습니다. 그럼에도 여전히 불안하고 부정적인 감정이 사라지지 않는다는 분들이 많을 겁니다. 이런 분들을 위해 통제감을 되찾아주는 말 3가지를 소개합니다. 평소에 무의식적으로 하는 말을 의식적으로 바꾸기만 해도 고민을 줄일 수 있습니다.

① 어떻게든 되겠지

제가 자주 쓰는 말입니다. 원고 마감이 내일로 다가왔는데 아무리 생각해도 내일까지 끝내는 것은 무리일 때. '아 어쩌지' 하면서 공황 상태에 빠지기 일보 직전. 그럴 때 저는 '어떻게든 되겠지'라고 중얼거리며 다시 쓰기 시작합니다. 그러면 불안은 줄어들고 집중력도 점점 높아집니다. 결과적으로 보면 마감일도 지킬 수 있게 됩니다. '어떻게든 되겠지'라고 말하면 실제로 어떻게든 되기 때문이에요. 신기하다고 생각할지 모르겠지만 뇌 과학적으로 보면 당연한 일입니다. 인간은 위험을 감지하면 뇌의 '편도체'라는 부분이 바로 흥분해서 '위험해, 조심해!'라고 경고합니다. 갑자기 물건이 날아오면 놀라서 얼른 피하게 될 때가 있죠. 이때가 바로 편도체가 '위험해, 도망쳐'라고 알려준 때입니다.

저에게 마감일을 넘긴다는 것은 위기 상황이기 때문에 편도체가 경고를 해줍니다. '큰일 났어! 마감에 늦겠어!'라고 말이에요. 그럼 저는 더 불안해지고 공황 직전 상태가 됩니다. 그런데 이런 역할을 하는 편도체를 난폭한 야생마라고 한다면 흥분을 억제하는 고삐 같은 역할을 하는 것이 바로 뇌의 전두전야(前頭前野)입니다. 전두전야는 뇌의 사령탑으로 생각하거나 기억하거나 감정을 통제하는 역할을 총괄합니다. 이 전두전야에서 편도체로 '말(언어 정보)'을 흘려보내면 흥분이 억제된다는 연구 결과가 있습니다. **그냥 기분 때문이 아니라 실제로 뇌 과학적으로도 말과 언어가 불안을 가라앉히는 효과가 있다는 거죠.**

'어떻게든 되겠지'라고 말하면 그 언어 정보에 의해 편도체는 흥분을 가라앉히고 불안감은 줄어듭니다. 또 플라시보 효과(암시 효과)도 더해져 마음이 더욱 차분해집니다.

말은 감정도 바꿉니다. 이와 관련해서 이런 심리 실험도 있습니다. 주사를 맞을 때 '아프다'는 말로 통증을 표현한 그룹과 아무 말도 하지 않고 참은 그룹을 나누어 관찰했습니다. 그 결과 아프다고 말로 표현한 그룹이 아무 말도 하지 않고 참은 그룹에 비해 통증이 5분의 1이나 줄어들었습니다. '아프다'라는 말을 하는 것만으로도 주사에 대한 두려움, 불안, 스트레스가 완화된 것입니다.

'어떻게든 되겠지'는 매우 낙관적인 말입니다. 불안감을 감소시키고 안도감을 줍니다. 앞서 몇 번 언급했던 회복 탄력성은 스트레스를 이겨내는 마음의 힘입니다. 낙관적인 사람일수록 회복 탄력성이 높다는 것은 이미 밝혀진 사실입니다. 즉 낙관적인 말을 하면 비관을 낙관으로 바꾸고 스트레스나 부정적인 감정을 극복할 수 있다는 뜻입니다.

오키나와 방언으로는 '난쿠루나이사(なんくるないさ)', 스페인어로는 '케세라세라(Que Sera Sera, 알프레드 히치콕 감독의 영화 〈너무 많이 아는 남자〉의 주제가로 당시 유행어가 되기도 했습니다)'라는 말이 있습니다. 둘 다 '어떻게든 되겠지'라는 뜻입니다. 어떤 일이 일어나든 괜찮습니다. 비관을 낙관으로 바꾸고, 통제감을 되찾게 해주는 나만의 언어를 갖고 있다면 그 어떤 순간에도 당황하지 않을 수 있습니다.

② 할 수 있다!

"이 일 해보시는 게 어때요?"라고 물었을 때, 바로 "저한테는 무리예요!"라고 대답하는 사람이 있습니다. 하지만 이 말은 금기어입니다. 이렇게 말하는 순간 '무리'라는 스위치가 켜지고 뇌는 더 이상 노력하지 않게 됩니다. 이것은 마치 뇌의 차단기를 끄는 것과 같습니다. "이제 안 되겠다"는 말도 마찬가지입니다.

통제감을 잃은 사람은 꼭 "아, 어떡하지"라고 말하지만, 그 말을 하면 할수록 '나는 길을 잃었다', '나는 통제력을 상실했다'라는 걸 계속 뇌에 확인시켜 줄 뿐입니다. 위험한 상태가 되면 편도체가 과도하게 흥분하면서 불안해집니다. 못 하겠다는 생각이 들어도 궁지에 몰렸을 때는 "할 수 있다!"라고 큰 소리로 말해보세요.

"나는 할 수 있다!", "하면 된다!", "반드시 할 수 있다!"

이렇게 말하면서 성공한 나의 모습을 상상해보세요. 그러면 마음이 설레면서 도파민이 분비됩니다. 도파민은 '목표 설정'을 할 때 분비되는 뇌 내 물질로 주의력, 집중력, 기억력을 향상시키고 업무 효율을 비약적으로 높여줍니다. '어포메이션(affirmation: 긍정적인 말로 자기 암시를 하는 것)'을 다룬 책에서는 "할 수 있다!"보다 "해냈다!"라고 과거형으로 말하는 것이 더 효과적이라고 설명합니다. 저도 이 말에 설득력이 있다고 생각합니다. "해냈다!"라고 말하는 순간 성공한 자신의 모습이 조건반사적으로 떠올라 도파민이 분비되기 쉽기 때문입니다.

요즘 우리 사회에서는 이미 성취한 입장에서 건배를 하는 '예축(予祝)'이라는 것이 유행인데, 이것 역시 도파민이라는 응원단을 부르는 주문과 같은 것으로 성과를 높여주는 효과가 있습니다. "무리야"라고 말하면 뇌의 차단기가 내려갑니다. 그 대신 "할 수 있다!"라고 말하면 뇌는 도파민이라는 응원단을 불러와 뇌의 성능을 끌어올려 줍니다.

③ 할 수 있는 일을, 할 수 있는 범위 내에서 하자

제가 유튜브에서 자주 하는 말입니다.

이룰 수 있을 것 같지 않은 '너무 높은 목표'는 백해무익합니다. 우리는 '할 수 있는 것'만 할 수 있습니다. 아무리 노력해도 '할 수 있는 일을, 할 수 있는 범위 내에서 하는 수밖에' 없습니다. 할 수 없는 것을 억지로 계속하면 정신질환에 걸립니다. 만약 할 수 없는 운동을 너무 무리하게 하면 부상을 입고 몸이 망가질 뿐입니다. 통제감을 잃었을 때 "할 수 있는 것을, 할 수 있는 범위 내에서 하자"라고 말하면 원점으로 돌아갈 수 있습니다. 제한 속도를 넘어 폭주하는 자신에게 브레이크를 걸 수 있습니다.

통제감을 되찾는 말

어떻게든 되겠지

— 난쿠루나이사
— 케세라세라

할 수 있다!

— 나는 할 수 있다!
— 하면 된다!
— 해냈다!

할 수 있는 일을
할 수 있는 범위 내에서 하자

통제감을 잃게 하는, 해서는 안 될 말

무리야

뇌의 차단기가 꺼진다

- 절대 무리야
- 나한테는 무리야
- 어차피 안 돼

이제 안 되겠다

뇌의 차단기가 꺼진다

- 아 끝났어
- 나는 안 돼

아 어떡하지

내가 길을 잃었다는 것을 강화시킬 뿐이다

- 어떡해
- 어쩌지
- 이제 어쩔 수 없어

시간 축
; 지금 내가 할 수 있는 일은?

'지금'에 집중해라!

과거의 일을 떠올리며 후회하거나 미래의 일 때문에 불안을 느끼는 분들이 많습니다. 하지만 그 고민은 언제 적 고민인가요? 우리가 생각해야 할 것은 **지금 할 수 있는 일은 무엇인가**입니다.

'오늘 회사에서 실수를 해서 상사에게 엄청나게 혼났다.'

혹시 집에 돌아온 이후에도 6시간 전에 5분 정도 들었던 설교를 이렇게 떠올리며 우울해하고 있지는 않나요? 만약 그렇다면 자발적으로 '고통이라는 재생 버튼'을 누르고 있는 것과 같습니다.

'회사에 이상한 사람이 왜 이렇게 많아! 특히 D 씨와는 마주치기도 싫어.'

이런 생각도 마찬가지입니다. 지금 D 씨는 당신 앞에 없습니다. 당신은 지금 이곳에 없는 D 씨를 떠올리며 스스로 불쾌감을 느끼고 있습니다. 만약 D 씨가 당신을 괴롭히고 있는 중이라면 불쾌한 것이 당연합니다. 하지만 퇴근 이후 당신이 뭘 하든 그건 당신의 자유입니다. 싫어하는 사람, 싫어하는 일을 떠올리는 것 역시 당신의 의지이고, 당신의 책임입니다.

당신은 고통이라는 재생 버튼을 누르면서 고민을 계속 만들어내고 있습니다. 또는 작은 고통, 작은 불안을 계속 반복해서 떠올리면서 증폭시키고 있는 것입니다.

만약 자꾸 안 좋았던 과거 일이 생각나면서 후회하거나, 불쾌하거나 우울한 마음이 든다면 '지금'에 의식을 집중해보세요. 지금, 현재 바로 내 앞에 있는 일에 집중하는 것만으로도 후회는 안심으로 바뀝니다.

【고민 분석법2】 그 고민은 언제 적 고민? 자문자답해보기

"회사에서 실수를 해서 상사에게 혼났어요."

그 고민은 언제 적 고민? → 6시간 전에 5분간 있었던 일.

▶ 끝난 일에 대해 끙끙거려봤자 뾰족한 수가 없다.

그렇다면 지금 할 수 있는 일은?

▶ 같은 실수를 반복하지 않도록 더 공부해야겠다. 업무 기술을 다룬 책이라도 읽어봐야겠어.

'그 고민은 언제 적 고민?'이라는 질문에 대한 답으로 '12년 전', '7일 전', '6시간 전' 등등의 답을 구체적으로 써보세요. '이전'이나 '옛날' 같은 막연한 표현은 분석하기 어렵습니다. '어린 시절 학대를 당했다'가 아니라 '12년 전에 학대를 당했다'라고 구체적으로 써보세요. 막연하게 어린 시절이라고 하면 얼마 안 된 것처럼 느껴지지만, '12년 전'이라고 쓰면 통제감이 바뀝니다. '벌써 12년이나 지났구나. 꽤 옛날이네. 그렇게 옛날 일을 신경 쓰고 살아봤자 아무 소용 없어'라는 생각이 들게 됩니다. 미래에 대한 불안도 이렇게 써서 생각해보면 '지금'에 더 집중할 수 있습니다.

"노후 자금 때문에 불안해요."

그 고민은 언제 적 고민? → (65세가 되는 것은) 30년 후

▶ 30년 후의 일을 지금 걱정해봤자 소용이 없다.

그렇게 되지 않기 위해 지금 할 수 있는 일은?

▶ 노후 자금을 늘리기 위해 조금씩 돈을 모아보자.

"치매에 걸리면 어쩌죠."

그 고민은 언제 적 고민? → (80세가 되는 것은) 50년 후

▶ 50년 후의 일을 지금 걱정해봤자 소용이 없다.

그렇게 되지 않기 위해 지금 할 수 있는 일은?

▶ 인터넷 검색. '1주에 2회 이상 땀이 날 정도의 운동을 20~30분 하면 치매 위험이 3분의 1로 줄어든다'(출처: 핀란드 연구)

▶ 정기적으로 운동하기

이렇게 써서 생각해보면 '지금'에 더 집중할 수 있습니다.

과거를 생각하면 후회하고, 미래를 생각하면 불안해진다.
'지금'에 집중하면 '안심감'이 생긴다.

과거를 떨쳐내는 궁극의 한마디 '그건 그렇고'

과거를 떠올리며 후회하고 미래를 생각하며 불안해하는 것은 시간 낭비다. 이게 무슨 말인지는 누구나 충분히 이해할수 있을 겁니다. 하지만 이 말이 아무리 옳다고 해도 안 좋은과거가 자꾸 떠올라서 힘들다는 분들도 분명 있을 겁니다. 이때 우리가 기억해야 할 것이 바로 말의 힘입니다. '말(전두전야)'은 '불안(편도체)'을 제어할 수 있는 고삐입니다. 불안이스멀스멀 올라올 때, '말'이라는 고삐를 당겨서 통제해야 합니다. 자, 이제부터 과거를 떨쳐버릴 수 없고, 과거의 안 좋은경험이 자꾸 떠오를 때 쓸 수 있는 말을 소개해볼게요.

낙관적이라는 건,
과거를 후회하지 않고
미래를 불안해하지 않고
지금 현재 '여기'만을 보는 것이다.

_알프레드 아들러(심리학자)

'그건 그렇고, 지금 내가 할 수 있는 일은 뭘까?'

'그건 그렇고'는 전국 최대의 불교 연구가라 불리는 '스즈키 다이세쓰'가 자주 사용하는 말이었습니다. 그의 고향인 가나자와에는 스즈키 다이세쓰관이라는 기념관이 있는데 그곳을 방문하니 '그건 그렇고'라는 친필 족자가 걸려 있었습니다. 그에게는 많은 사람들이 상담을 받으러 왔다고 합니다. 그는 사람들의 이야기를 정중히 들은 후 "그건 그렇고"라는 말로 시작하면서 조언을 전해주었다고 합니다.

"흔들리는 차원의 문제는 신경 쓰지 말고, 더 다른 차원에서 생각해보자. 그 이상의 뭔가가 본질 아닐까. 사물의 본질은 원래 분별하기 전의 상태를 말한다."

'그건 그렇고'라는 말에는 이런 의미가 들어 있다고 합니다. '그건 그렇고'라는 말은 문제의 차원을 전환시킵니다. 이때 한 가지 중요한 건 그 이전까지 나누던 이야기, 상대방의 생각이나 감정을 부정도 긍정도 하지 않는 것입니다.

"당신의 고민은 이해합니다. 그러나(하지만) B라는 생각도 있어요."

이 문장에서처럼 **'그러나(하지만)'**를 사용하면 상대방은 자신의 고민이나 감정이 부정당했다는 인상을 받습니다. 그렇게 되면 기분이 나빠지기 때문에 조언을 있는 그대로 받아들이지 못합니다. 여기서 '그러나'를 '그건 그렇고'로 바꿔보세요.

"당신의 고민은 이해합니다. **그건 그렇고**, B라는 생각도 있어요."

'그건 그렇고'는 상대방의 고민, 생각, 감정을 부정도 긍정도 하지 않습니다. 이 말은 상대를 부정하지 않고 있는 그대로 받아들이게 만들면서 대화를 한 단계 더 높은 차원으로 끌어올려줍니다. 누구나 이 방법을 쉽게 사용할 수 있습니다. 실제로 저는 스즈키 다이세쓰관을 방문한 이후 부정적인 감정이 떠오를 때면 '그건 그렇고'를 혼잣말처럼 중얼거리게 되었습니다.

"아, 원고가 늦어지네! 그건 그렇고, 지금부터 30분만 집중해서 써보자."

이 말이 주는 전환 효과는 그야말로 엄청납니다. 공황 상태에 빠진 뇌를 리셋할 수 있습니다. 그 어떤 상황에서든 자신의 감정이나 생각을 전환하고 싶을 때 사용해보세요. 부정적인 과거의 기억이 떠올랐을 때는 '그건 그렇고' 다음에 '지금 내가 할 수 있는 일은?'이라고 계속 말해보세요. **뇌는 과**

거의 사건과 경험에 집착합니다. 과거에 집중하고 있는 뇌를 '지금', '현재'로 가져오세요. 가장 중요한 건 '지금 이 순간에 집중하는 것'입니다. 그러므로 "지금 내가 할 수 있는 일은?"이라고 계속 말하면 됩니다.

"그건 그렇고, 과거는 바꿀 수 없다. 지금 내가 할 수 있는 일을 하자!"

공황 상태에 빠진 뇌를
리셋해주는 단어

그건 그렇고,

후회해도 어쩔 수 없어

과거는 바꿀 수 없어

지금 내가 할 수 있는 일은?

지금 할 수 있는 일을 하자!

자기 축
; 그 고민은 내 고민일까?

과거와 타인은 바꿀 수 없다

"과거와 타인은 바꿀 수 없다. 바꿀 수 있는 것은 자기 자신과 미래뿐이다."

교류분석의 창시자로 알려진 정신과 의사 에릭 번(Eric Berne)이 남긴 유명한 말입니다. 우리가 하는 고민 중 첫 번째로 많은 것은 이미 벌어진 일에 대한 고민입니다. 그리고 두 번째가 인간관계에 대한 고민입니다. 왜 그럴까요? 그 이유는 자신이 원하는 대로 할 수 없기 때문입니다.

타임머신을 타고 과거로 돌아가 이미 벌어진 일을 바꾸는

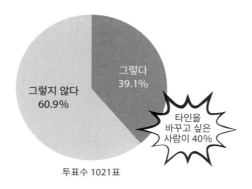

그렇다
39.1%

그렇지 않다
60.9%

타인을
바꾸고 싶은
사람이 40%

투표수 1021표

당신은 타인을 바꾸고 싶습니까?
(직장 동료, 가족, 친구 등의 행동이나 생각을 바꾸고 싶습니까?)

것은 영화에서나 가능한 일입니다. 너무나 당연한 일이죠. 그런데 '타인은 바꿀 수 없다'는 것을 당연한 일로 여기는 사람은 의외로 드뭅니다. 저의 트위터 조사에 따르면 '남을 바꾸고 싶은 사람'이 39.1%나 있었습니다. **약 40%의 사람들이 타인을 바꾸고 싶어 한다는 겁니다. '통제할 수 없는', '남을 바꾸려고' 헛된 노력을 하며 에너지를 소모하고 있는 것입니다.**

　다른 사람의 성격이나 행동을 바꾸는 것이 완전히 불가능한 것은 아니지만 본인이 원하지 않으면 어렵습니다. 혹시라 과거와 타인은 바꿀 수 없다.
바꿀 수 있는 것은
자기 자신과 미래뿐이다.

_에릭 번(정신과 의사)

도 가능하다고 해도 시간이 걸립니다. 다른 사람이 무슨 생각을 하고 어떤 행동을 할지는 그 사람 자신이 결정하는 것이지 당신이 결정하는 것이 아니기 때문입니다. 당신은 상대를 예측할 수 없고 마음대로 움직일 수 없습니다. 타인은 내가 통제할 수 있는 존재가 아니니까요. 사실 이건 너무나 당연한 것이지만 많은 사람들이 '바꿀 수 없는 타인'을 바꾸기 위해 엄청난 에너지를 쏟아붓고 있습니다.

10톤짜리 돌을 움직일 수 있나요?

무게가 10톤이 넘는 거대한 돌이 있습니다. 그런데 그 돌을 맨손으로 옮기려고 애쓰는 사람이 있습니다. 그 사람이 내 눈앞에 있다면 어떤 생각이 들까요? '왜 저렇게 쓸데없는 짓을 하고 있지?'라고 생각하지 않을까요? 그런데 이것이 바로 남을 바꾸려고 애쓰는 당신의 모습입니다. 남편(아내)을 내 마음대로 조종하는 것은 어렵습니다. 공부를 싫어하는 아이에게 공부를 시키는 것은 어렵습니다. 엄격하고 화를 잘 내는 상사를 친절하고 이해심 많은 상사로 바꾸는 것은 어렵습니다.

의욕이 없는 부하를 의욕이 넘치게 만드는 것은 대단히 어려운 일입니다.

【고민 분석법3】 고민의 '자기 비율' 생각하기

그 고민은 내 고민인가요? 다른 사람의 고민인가요?

내 힘으로 해결할 수 있나요. 상대방의 노력과 협조가 필요한가요. 아니면 내 힘으로는 전혀 감당할 수 없는 것인가요? 이것이 바로 '고민의 자기 비율'을 생각하는 것입니다. '자기 비율'이란 스스로 통제할 수 있는 비율이라는 뜻입니다.

"화를 잘 내는 아내의 성격을 부드럽고 온화한 성격으로 바꾸고 싶어요!"

타인의 성격을 바꾸는 것은 지극히 어렵기 때문에 이 경우의 자기 비율은 10% 정도 아닐까요? 여기서 '고민 설정'을 바꿔보겠습니다.

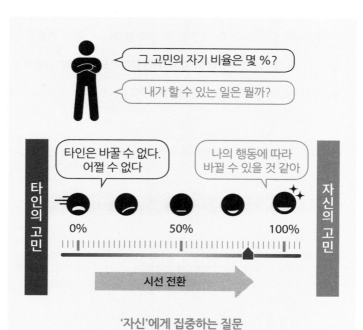

'자신'에게 집중하는 질문

"아내가 화를 내는 횟수를 줄였으면 좋겠다."

아내는 어떤 상황에서 화를 내나요? 당신이 방을 어지럽혔을 때, 술에 취해 밤늦게 돌아왔을 때? 만약 그렇다면 '아내를 화나게 만드는 당신의 행동'을 줄이면 됩니다. 그러면 자기 비율이 90% 정도로 올라가겠죠. 자기 비율이 0%라면 모든 것을 상대에게 맡기는 수밖에 없습니다. 즉, 포기할 수밖에 없습니다. 자기 비율을 높일 수 있다면 타인과 관련이 깊은 고민일지라도 자신의 노력에 따라 개선할 수 있는 부분이 반드시 보일 겁니다.

"자기 비율을 높이기 위해 내가 할 수 있는 일은 뭘까?"

이 질문을 스스로에게 던져보세요. 그러면 대처법이나 해야 할 일이 보일 겁니다.

인간관계는 캐치볼이다

"인간은 바꿀 수 없지만, 인간관계는 바꿀 수 있다."

제가 만든, 제가 가장 좋아하는 말입니다. 인간관계는 소통입니다. 즉, 캐치볼과 같은 것입니다. 상대가 어떤 사람이든, 아무리 싫어하는 사람이어도 캐치볼 정도는 할 수 있어야 합니다. 그러려면 먼저 내가 상대에게 '좋은 공'을 던질 수 있어야 합니다. 대부분의 사람은 싫어하는 사람에게는 공을 던지지 않습니다. 그래서 소통은 깊어지지 않고, 냉랭한 관계는 언제까지나 냉랭한 채로 남게 됩니다. 캐치볼을 하면 몸이 따뜻해지듯, 인간관계도 따뜻해집니다. **상대를 좋아하든 싫어하든, 캐치볼을 계속하면 인간관계는 좋아집니다.**

캐치볼이란 구체적으로 다음과 같은 것을 말합니다.

> ▶ 접촉 빈도, 횟수를 늘린다
>
> ▶ 보고, 연락, 상담을 긴밀하게 한다.
>
> ▶ 잡담을 늘리고, 업무 외의 이야기를 한다(자기 개방)
>
> ▶ 술자리에도 적극적으로 참여하고, 싫어하는 사람 곁에 앉는다.
>
> ▶ 상대방에게 친절을 베푼다.

3가지 축으로 다각적 분석하기

'고민'이라는 것은 원래 막연한 것입니다. 그런데 막연한 상태로 방치해두면 언제까지나 고민으로 남아 있기 때문에 어떻게 해결해야 할지 알 수 없게 됩니다. 그러므로 지금까지 설명한 통제 축, 시간 축, 자기 축이라는 세 가지 축으로 고민

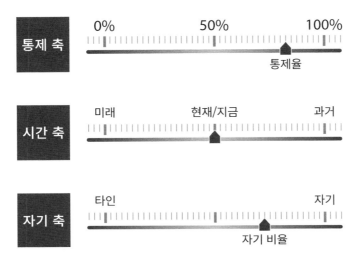

고민을 분석하는 3가지 축

을 분석해야 합니다. '현재(지금)의 나'에 초점을 맞춰 생각하면 통제력이 높아지고 고민은 해소될 수 있습니다.

— 3장 —
고민을 해소하는
3가지 방법

여기까지 읽으셨다면 당신이 지금 왜 힘든지 이해하고 고민에 대한 분석도 할 수 있게 되었을 겁니다. 2장에서 말씀드린 세 가지 축 중에 나에게 가장 잘 맞는 것을 선택해서 나의 고민을 잘 이해해보세요. 자, 그럼 이제부터는 고민을 해소하는 구체적인 방법에 대해 이야기해보겠습니다.

일단 검색부터 해본다

지금 내가 뭘 해야 할지 아는 사람과 모르는 사람

"가바사와 씨의 유튜브 동영상을 보고 안심했습니다."

"영상을 보는 것만으로도 마음이 후련해졌어요."

제 유튜브 동영상에는 이런 댓글들이 많이 올라옵니다. 사실 3분짜리 영상 하나 봤다고 현실에서 달라지는 것은 아무것도 없습니다. 그런데도 왜 그렇게 짧은 시간 안에 속이 후련해지는 느낌을 받는 걸까요? '눈앞이 캄캄하다'라는 표현처럼, 앞으로 어떻게 해야 할지 알 수 없는 상황은 불안의 근원입니다. 그렇다면 지금 내가 어떻게 해야 할지만 확실하다면 불안감은 확 줄어들겠죠. 그래서 저는 유튜브 영상과 책을 통해 대처법이나 해야 할 일을 제시하는 데 전력을 쏟고 있습니다. 구체적인 대처법, 지금 당장 해야 할 일을 알려주는 것이 불안을 해소하는 데 가장 효과적이니까요. 실제로 제 유튜브 영상을 본 많은 분들이 기분이 좋아졌다고들 말합니다. 못 믿겠다는 사람은 일단 제 유튜브 영상의 댓글을 한번 봐주세요.

검색만 해도 고민의 90%는 가벼워진다

이제는 거의 모든 사람들이 스마트폰을 사용합니다. 즉, 이 시대는 누구나 순식간에 인터넷에 접속해서 정보를 검색할 수 있습니다. 며칠이든 몇 달이든 고민할 필요가 없습니다. 어떤 고민이든 일단 검색부터 해보세요. 그러면 해결책을 알려주는 사이트나 동영상이 수두룩하게 나올 겁니다. 그중 몇 가지만 읽어봐도 대처법을 알 수 있고 그러면 안심할 수 있습니다. 그런데 검색을 통해 고민을 해소할 수 있는 분들이 있는 반면에 그렇지 못한 분들도 있습니다. 앞에서도 말했듯이

제 유튜브 채널에는 요즘도 매일 같은 질문이 몇 개씩 올라옵니다. 왜 사람들은 먼저 검색을 해보지 않는 걸까요? 유튜브 검색창에 고민의 키워드를 입력하고 클릭만 하면 과거 영상을 순식간에 검색할 수 있는데 말이에요.

예를 들면, '저는 발달장애인 것 같아서 걱정이 됩니다'라는 질문이 매주 꼭 한 번씩 올라옵니다. 이 질문을 하기 전에 유튜브 검색 화면에서 '발달장애, 가바사와'라고 검색하면, 〈내가 발달장애일지도 모른다는 생각이 든다면〉, 〈발달장애 진단을 받고 우울합니다, 대처법〉, 〈ADHD가 의심됩니다. 어떻게 하면 좋을까요?〉, 〈나는 ADHD일지도 모릅니다〉 등 제가 과거에 올렸던 영상이 20개 이상 나옵니다. '발달장애'로 검색하면 다른 유튜버들의 '발달장애가 의심되는 사람'을 위한 영상도 나옵니다. 그중 몇 개만 봐도 '발달장애라는 의심이 들어도 실제로 꼭 그런 것은 아니다'라는 사실을 알 수 있기 때문에 심각한 고민에서 벗어날 수 있습니다.

하지만 똑같은 질문을 매주 받는다는 것은 검색하지 않는 사람이 그만큼 많다는 증거입니다.

고민이 깊은 사람, 불안이 심한 사람일수록 '어떻게 해야 할지 모르겠다'는 심리가 강해지기 때문에 '검색하면 대처법을 찾을 수 있다'는 당연한 사실조차 잊어버립니다. 지금 여기서 기억해야 할 것은 '대처법을 아는 것만으로도 고민은 가벼워진다'는 것입니다. 그리고 지금 우리는 매우 편리한 시대에 살고 있기 때문에 마음만 먹으면 '15초 만에 대처법을 찾을 수 있다'는 것을 기억해야 합니다. 동영상을 보거나 기사를 읽고 이해하는 시간을 포함해도 15분이 안 걸립니다.

그러므로 걱정, 고민, 여러 가지 문제를 안고 있는 분이라면 먼저 검색을 해보세요. 심리, 정신 건강에 관한 고민이라면 저의 유튜브 채널만 해도 약 1000개의 영상이 올라와 있습니다. 그중 몇 개만 봐도 어느 정도 불안감을 해소할 수 있습니다.

검색을 할 수 있는 사람과 할 수 없는 사람

그렇다면 '자신의 고민을 검색하지 못하는 사람'의 비율은 어느 정도일까요? 예전에 제 트위터 계정에서 조사한 적이 있습니다.

'당신은 (구글 등에서) 검색을 잘하는 편인가요?' (투표수

670명)

그 결과, 잘한다고 답한 사람은 62.4%였습니다. 조금 의외였지만, 과반수의 사람이 스마트폰이나 컴퓨터로 '검색 기능을 잘 사용하고 있다'고 자신하는 것 같습니다. 그 반면에 '검색을 잘한다고 할 수 없다'고 답한 사람이 나머지 약 40%였습니다.

검색을 잘하는 사람은 고민이 있어도 금방 대처법을 검색할 수 있습니다. 검색 후에는 '해야 할 일을 할 뿐' 혹은 '아직 하지 않은 TO DO가 있을 뿐'입니다.

60%의 사람은 순식간에 대처법을 알아내고 행동하지만, 40%의 사람은 검색을 제대로 하지 못하거나, 검색조차 하지 않고 몇 주, 몇 달 동안 같은 고민을 계속합니다. 이렇게 양극화가 이루어지고 있다고 저는 예상합니다. 물론 검색해서 대처법을 알아내도 상황은 개선되지 않는다는 주장도 있겠지만, 그에 대해서는 8장에서 설명하겠습니다. 우선은 고민이 있을 때 바로바로 검색해보는 습관을 들여보세요.

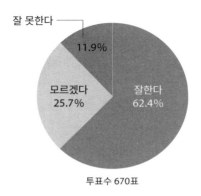

잘 못한다
11.9%

모르겠다
25.7%

잘한다
62.4%

투표수 670표

(구글 등에서) 검색을 잘합니까?

주먹만으로는 가위바위보에서 이길 수 없다

가위바위보에서 이기기 위해서는 상대방이 낼 카드를 예상하고 주먹, 가위, 보자기를 적절히 사용해야 합니다. 계속 주먹만 내면 이길 수 있을까요? 그렇지 않겠죠. 하지만 현실에서는 계속 주먹만 내는 사람이 있습니다. 즉, 고민과 스트레스에 대처하는 방법이 단 하나뿐인 사람이 있다는 뜻입니다. 앞서 소개한 입사 한 달 만에 회사를 그만둔 B 씨가 그렇습니다. 그에게는 '그만둔다'라는 카드밖에 없었습니다. 좀 더

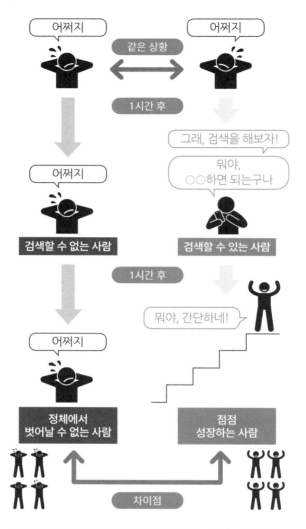

'검색할 수 있는 사람'과 '검색할 수 없는 사람'의 차이점

넓게 생각해보면 '상담을 해본다'는 카드도 있었을 겁니다. 사직서를 제출하기 전에 일단 한 번쯤은 상사와 상담을 하면 좋았을 겁니다. 하지만 카드가 한 장밖에 없는 사람은 다른 아이디어가 떠오르지 않습니다.

B 씨의 사례를 우습게 보면 안 됩니다. 의외로 '혼자서 고민한다'는 카드만 갖고 있는 사람이 정말 많기 때문입니다. 많은 사람들이 혼자서만 고민을 떠안은 채 해결하려고 고군분투합니다. 저의 트위터 조사에서도 '바로 누군가에게 상담을 요청한다'는 사람은 약 30%(234쪽 참조)에 그쳤습니다. 나머지 70%의 사람들은 혼자 고민한다는 뜻입니다.

나에게 쓸 수 있는 카드가 단 한 장밖에 없는데 그 카드가 효과가 없다면 어떻게 될까요? 사방이 막힌 것처럼 답답한 상태가 되지 않을까요? 그러므로 가능하면 세 장의 카드를 준비해서 적절히 활용해보세요. 이 책의 후반부에서는 **'관점전환', '언어화', '행동화'**라는 세 가지 카드를 소개하겠습니다. 이 세 가지 대처법을 사용하면 거의 모든 고민을 해소할 수 있습니다.

관점을 바꾼다

고민 해소
사이클

행동화

언어화

내 몸 내가 돌보기
(수면, 운동, 아침 산책)

'스루력'을 키워라

피해를 입지 않으면 회복할 필요도 없다

'스트레스 내성'이라는 말이 있습니다. 이는 스트레스를 견디는 힘, 인내심을 뜻합니다.

하지만 최근 심리학계와 정신의학계에서는 '스트레스 내성'을 키우지 말고 '회복 탄력성'을 키우라고 조언합니다. 회복 탄력성은 마음의 유연성, 마음의 탄력, 회복력이라 해석할 수 있습니다. 이 단어는 원래는 공업 용어로 스프링의 탄성력을 가리키는 말입니다. 싫은 일이 생기면 움츠러드는데 그때 용수철처럼 금방 원래 상태로 돌아갈 수 있는 게 좋다는 뜻입니다. 마음이 유연한 사람은 약간의 스트레스나 힘든 일 때문에 움츠러들어도 금방 극복하고 회복할 수 있습니다. 많은 사람들이 스트레스를 받으면 인내하려고 애씁니다. '힘들어도 참아야지!'라고 생각하는 거죠. 하지만 인내할 필요 따위는 1%도 없습니다. 참지 말고 용수철처럼 유연하게, 스트레스를 피하면 됩니다.

가장 좋은 것은 피해를 입지 않는 것입니다. 저는 그것을 '스루(through)한다'고 표현합니다.

당신에게 필요한 것은 '스루력'입니다. 애초에 피해를 입지 않으면 회복할 필요도 없습니다.

복싱 경기를 볼 때 이런 생각을 자주 합니다. 상대의 펀치가 아무리 강하더라도 맞지 않는 한 피해를 입지 않습니다. 강한 선수들은 '스웨이'를 잘해서 상대의 펀치를 피합니다. 스웨이란 상체를 앞뒤 좌우로 흔들면서 상대의 펀치를 피하는 방어 기술입니다. 아무리 강한 펀치라도 맞지 않으면 피해는 제로입니다.

투우사의 대처법

투우사를 향해 거대한 맹수가 돌진합니다. 이때 투우사는 어떻게 할까요? 아마도 빨간 천을 펄럭이며 돌진하는 맹수의 공격을 피할 것입니다. 생각해보면 당연한 일입니다. 맹수와 조금이라도 부딪힌다면 큰 부상을 입을 게 뻔하니까요.

하지만 많은 사람들이 거대한 철제 방패를 든 채 맹수(스트레스)를 몸으로 막고 있습니다. 방패가 너무 무거워서 서 있는 것조차 힘들지만, 계속되는 맹수의 돌진을 막기 위해 이를 악물고 버티고 있는 거죠. 그러다가 세 번째 공격쯤에 이르면 결국 버텨내지 못하고 방패마저도 튕겨 나갑니다. 맹수가 나에게 돌진할 때 올바른 대응은 다음 중 어느 것일까요?

A. 빨간 천을 이용해 맹수를 완전히 피한다.

B. 강철 방패로 정면에서 맞받아친다.

아무리 생각해도 피해를 입지 않는 A가 더 현명한 방법입니다. 그렇지 않나요? 이것이 바로 '스루력'입니다. 그렇다면 현실에서도 '스루하는' 연습을 해볼까요? 대부분의 사람들은 공격을 받으면 그냥 넘어가지 못하고 반격을 합니다. 누가 나에게 욕을 하면 바로 반격을 가합니다. 직접 말할 수 없을 때에는 뒤에서 험담을 합니다. 술자리에서 하는 상사 욕, 친구 모임에서 하는 시어머니 욕도 마찬가지입니다. 그러다가 **"나는 정말 못났어"라는 자책의 말도 하게 되는데 이것은 '자기 자신에 대한 공격'입니다.** 하지만 이런 행동은 스트레스를 받아 약해진 자신에게 스스로 채찍을 휘두르는 것과 같습니다. 싫은 일, 힘든 일도 '후~' 하고 넘길 수 있다면 스트레스가 되지 않습니다. 그래서 투우사가 빨간 천을 펄럭거리는 것과 비슷한 효과가 있는, 알아두면 유용한 마법의 말을 소개합니다. 이 말들은 최대한 빠른 시간 안에 스루력을 높여주므로 성격이 급한 분들에게 추천합니다.

스루력을 키우는 마법의 말

① **순식간에 스루하는 말, "그렇군요"**
"회사 동료가 너무 심한 말을 해요."
간혹 빈정거리거나, 험담을 하거나, 갑질을 하는 사람이 있습니다. 그 사람은 당신의 '화난 표정'을 보고 싶어 하는, 말하자면 '관심병자'라고 할 수 있습니다. 당신이 '뭐야, 젠장'이라는 표정을 지으면 지을수록 그 사람은 즐거워합니다. 당신이 화가 난 모습에 쾌감을 느끼기 때문에 공격과 비교, 비난을 계속 반복합니다. 그런 일로 화가 날 때는 그냥 "그렇군요"라고 말하세요. 말투도 중요합니다. 감정을 담지 않은 채 건조하고 담백하게 말하는 게 중요합니다.

"그렇군요. 알겠습니다."

"그렇군요. 알려주셔서 감사합니다."

마음속으로는 '그건 당신 생각이지', '그러든지 말든지'라고 생각해도 됩니다. 분노, 반감, 혐오 등의 감정을 드러내며 노골적으로 반박하는 것은 불에 기름을 붓는 행위입니다. 상대와의 관계는 진흙탕 싸움이 되고, 상대방의 일상적인 공격은 더욱 거세질 뿐입니다. 당신의 스트레스는 더 커질 수밖에 없습니다.

쿨하게 "그렇군요"라고 말하면 상대방은 민망해집니다. 재미를 조금도 느끼지 못합니다. 목적을 이루지 못하고 불쾌함만 생기기 때문에 상대방도 자연스럽게 멀어지게 됩니다.

② 모든 공격을 스루하는 말, "그런 사람도 있구나"

E 씨가 당신 험담을 하고 다닌다는 소문을 들었습니다. 당신은 화가 나겠지만 마음속으로 그냥 '그런 사람도 있구나'라고 말해보세요. 세상에는 다양한 사람이 있습니다. 성격이 좋은 사람도 있고 나쁜 사람도 있습니다. 정직한 사람이 있는가 하면 거짓말쟁이도 있습니다. 온화한 사람도 있고, 화를 잘 내는 사람도 있습니다. 성격이 나쁜 사람, 거짓말쟁이, 화를 잘 내는 사람을 만날 때마다 일일이 화를 내거나 우울해하면 끝이 없습니다.

더군다나 타인의 성격은 절대 바꿀 수 없기 때문에 당신이 통제할 수 없는 영역의 일입니다.

상대방이 자신을 공격하거나 이상한 말을 할 때는 "그런 사람도 있구나"라고 말하면 됩니다. 세상에는 다양한 사람이 있고 그게 당연한 거니까요.

때로는 정말 최악의 사람이 당신 앞에 나타나기도 합니다. 사실 세상에는 정말 나쁜 사람들도 많기 때문에 그런 일이 일어날 확률은 상당히 높습니다. 그러므로 그럴 때는 게임을 하다 괴물을 만난 정도로 생각하면 됩니다. 대단히 신기한 일도 아니니 놀랄 것도, 낙담할 것도 없습니다. 그냥 '그런 사람도 있구나' 하고 넘어가면 됩니다.

③ 상사, 선배의 공격을 스루하는 말, "감사합니다"

하지만 상사나 윗사람에게는 '그렇군요'라고 말하기 어렵습니다. 상사나 선배 등에게 부정적인 말을 듣고 속상할 때는 "감사합니다"가 좋습니다.

"가르쳐주셔서 감사합니다."

"감사합니다. 앞으로 주의하겠습니다."

"감사합니다"라는 말을 듣고 불쾌해할 사람은 없습니다. 물론 상대방이 화를 내거나 빈정거리거나 험담을 하면 부정적인 감정이 생겨서 반격하고 싶어집니다. 이럴 때 '감사합니다'라고 말하면 당신 안에 부정적인 감정은 사라지고, 오히려 상대방의 기를 꺾을 수도 있습니다.

상사에게 혼이 났을 때, 무심코 말없이 노려보는 것은 정말 최악입니다. 가뜩이나 험악한 분위기에서 불에 기름을 붓는 격이 되어 더 미움을 받게 될 겁니다. 이럴 때는 "감사합니다. 앞으로 조심하겠습니다"라고 말하면 부정적인 감정을 희석할 수 있습니다. 화가 나거나 짜증이 나더라도 싸우지 않고 넘어갈 수 있는 이 3가지 말을 사용해보세요. 감정에 휘둘리지 않고 평정심과 평상심으로 대응할 수 있게 됩니다. 하루아침에 성공하기는 어렵겠지만, 연습하고 의식하다 보면 스루력도 점점 좋아지는 걸 느낄 겁니다.

스루력을 키우는 말

그렇군요

그런 사람도 있구나

감사합니다

고민을 재설정한다

지진이 나면 죽을지도 모른다는 고민

"앞으로 대지진이 일어날까 봐 너무 걱정이에요."

지진이 일어날까 봐 걱정하는 분들이 적지 않습니다. 30년 안에 남해 트로프에서 거대 지진이 발생할 확률은 70%라고 합니다. 지진의 여파로 높이 1미터 이상의 쓰나미가 발생하면 그 피해 규모는 동일본 대지진의 10배 이상입니다. TV에서 방영하는 대지진 특집 프로그램을 보다 보면 '대지진이 일어나면 어떡하지'라는 불안감에 휩싸일 수밖에 없습니다.

그렇다면 이 **'대지진이 일어나면 어떻게 해야 할까'라는 고민을 통제할 수 있는 비율은 몇 %나 될까요?** 개인의 노력으로 대지진을 막는 것은 불가능합니다. 따라서 대지진을 통제할 수 있는 가능성은 0%라고 생각해야 합니다.

앞에서도 말했지만 내가 통제할 수 없는 것에 대해 고민하는 것은 백해무익합니다. 이런 고민은 바로 스루하는 게 좋지만 지진이 나면 죽을지도 모른다는 공포에서 벗어나기는 쉽지 않습니다. 이때 필요한 일이 바로 고민을 재설정하는 겁니다. '지진을 막는 것'이 아니라 '지진이 일어났을 때 피해를 입지 않는 것'을 고민하는 걸로 설정을 바꾸는 거죠. 그렇다면 생각해볼 수 있는 대처법은 뭘까요? 가장 먼저 떠오르는 것은 지진이 없는 나라로 이주하는 것입니다. 지진이 없는 나라에서 살면 피해를 입을 확률은 0%에 가까워집니다. 물론 이것은 쉬운 일이 아닙니다. 해외로 이주하는 게 불가능하다면 일본 내에서도 지진이 적은 지역, 예를 들어 도야마 현, 사가 현, 야마구치 현 등으로 이주하는 것을 생각해볼 수 있습니다.

제가 여기서 말하려고 하는 것은 실제로 지금 당장 이주를 하거나 이사를 가라는 게 아닙니다. '지진'이라는 **전혀 통제할 수 없을 것 같은 고민도 잘 생각해보면 통제가 가능할 수도 있다는 걸 말하고 싶은 거죠.**

만약 인생에서 가장 큰 고민이 지진이라면 빨리 이주한 후, 불안에서 벗어나면 된다는 겁니다. 물론 지진이 무서워서 해외로 이주하는 사람은 별로 없겠죠. 그렇다면 이건 뭘 뜻하는 걸까요? 바로 지진이 너무 무섭다는 것은 그다지 심각한 고민이 아니라는 말입니다.

고민을 재설정하는 방법

'대지진이 일어나면 어떻게 해야 할까'라는 고민을 다시 한 번 정리해보겠습니다. 대지진이 일어날까 봐 걱정이 되겠지만, 만약 자신과 가족의 생명에 이상이 없고, 집과 집안의 재물에 피해가 없다면 그렇게 걱정할 일이 아닐 겁니다.

즉, 이 걱정을 분석해보면 지진 때문에 자신과 가족이 목숨을 잃거나 다칠까 봐, 또는 집이 무너지거나 살림살이가 망가져서 경제적인 피해를 입을까 봐 우려된다는 말입니다. 지진이 일어났을 때 직접적인 사망 원인 1위는 압사입니다. 그렇다면 다음과 같은 대처법으로 압사 사고는 거의 예방할 수 있습니다.

▶ 주택의 내진성을 강화한다.

▶ 내진 기준을 통과한 주택에 거주한다.

▶ 철물이나 돌출봉을 이용해 큰 가구를 고정한다.

쓰나미도 걱정이지만, 바다 근처에 살고 있다면 미리 대피 장소를 확인해두고 대지진이 발생했을 때 즉시 대피하면 됩니다. 경제적 피해에 대비하려면 보험을 확인하세요. 자신이 지진보험에 가입되어 있는지 아닌지도 모르는 사람이 많습니다. 보험에 가입되어 있으면 살림살이에 대한 걱정은 어느 정도 줄일 수 있습니다.

그리고 재해 대피용 물품을 구입해두세요. 1주일 분량의 식수, 식량을 비축해두고 휴대용 장난감을 준비하고, 목욕물은 바로 버리지 말고 모아두고, 정전이 되더라도 스마트폰을 사용할 수 있도록 보조배터리나 충전기를 준비하는 겁니다. 회사에서 집까지 대피 경로를 미리 확인해두고 전화가 안 될 때를 대비해서 비상용 연락 방법을 정해두는 거죠. 지금 당장 할 수 있는 일이 이렇게나 많습니다. 이 모든 것을 준비해두면 지진에 대한 걱정은 어느 정도 해소할 수 있습니다.

내가 할 수 있는 준비를 다 해놓으면 뿌듯한 감정이 생겨나면서 두려움과 불안은 사라집니다. 내 힘으로는 어쩔 수 없을 것 같던 고민도 재설정을 하고 나면 어떻게든 해결할 수 있을 것 같다는 생각이 듭니다.

'키가 작다'는 고민을 재설정하면?

"키가 작아서 여자 친구가 안 생겨요."

키가 155센티미터인 40세 독신 남성 F 씨가 있습니다. 그의 가장 큰 고민은 키가 작다는 것입니다. 그는 늘 입버릇처럼 키가 작아서 여자 친구가 안 생긴다고 한탄했습니다. 그렇다면 '키가 작다'는 고민의 통제율은 몇 %나 될까요? 30세가 되었으니 더 이상 키가 클 가능성은 없어 보입니다. 해외에는 다리뼈를 자르고 그 사이에 금속을 넣어 조금씩 키를 늘리는

'뼈 연장 수술'도 있다고 들었습니다만, 너무 비싸기 때문에 실행하기는 어렵습니다. 체형 교정으로 키가 커진다는 의견도 있는데, 기껏해야 몇 센티미터 정도일 겁니다. 40세가 된 시점에 키가 커질 확률은 극히 낮습니다. 아마도 거의 '0%'일 겁니다. 하지만 제가 보기에 F 씨의 고민은 통제율 100%입니다. 충분히 어떻게든 될 것 같습니다. 왜냐하면 F 씨의 진짜 고민은 키 문제가 아니기 때문이에요. 그렇다면 그의 진짜 고민은 뭘까요? 그는 키가 작아서 고민이라고 했지만 방점은 뒤에 나오는 문장에 있습니다. 그것은 바로 '여자 친구가 안 생긴다'는 것입니다. 그는 키 때문에 인기가 없고 여자 친구가 안 생긴다고 생각하고 있는 겁니다. 심리학 용어로 이를 '자기 정당화'라고 합니다.

만약 그에게 멋진 여자 친구가 생겼다면 키가 작아서 고민이라고 계속 신세 한탄했을까요? 그 여자 친구와 결혼을 하고 아이를 낳고 잘살았더라도 키 때문에 고민이라고 말했을까요? 아마 그렇지 않을 겁니다. F 씨는 키가 작다는 콤플렉스(열등감)를 갖고 있습니다. **인생이 잘 풀리지 않을 때 그 원인을 콤플렉스 탓으로 돌리는 것은 인간의 무의식적인 심리입니다.** 사실 인기는 키 하나만으로 결정되는 게 아닙니다.

당연히 대처법은 있습니다.

▶ 배려심 많고 친절한 사람이 된다.

▶ 헤어스타일이나 패션에 신경을 쓰고 외모를 멋지게 꾸민다.

▶ 운동을 열심히 해서 건강한 근육을 만든다.

▶ 일을 열심히 해서 성과를 낸다.

▶ 부자가 된다.

이렇게 키 말고도 인기를 끄는 요소가 많습니다. 실제로 키가 작아도 인기 있는 사람은 많습니다. 인간은 100개 이상의 변수로 이루어져 있습니다. 그중 하나가 극도로 낮다고 해서 비관할 필요는 없습니다. 고민 재설정을 위해 찬찬히 생각해보면 진짜 고민은 '인기가 없다는 것'이라는 사실을 깨닫게됩니다. 키가 크지 않아도 만약 여자 친구가 생긴다면 이 고민은 해소될 수 있다는 거죠. 인기 있는 사람이 되기 위해서 키말고 다른 장점을 키우면 됩니다. 외모로 승부할 수 없다면 외모 외의 다른 부분 즉 내면, 지식 등을 연마하면 됩니다. 일이나 공부에서 성과를 내는 것도 좋습니다. 이렇게 내가 통제할수 없는 고민도 설정을 바꾸면 통제 가능한 고민이 됩니다.

고민을 재설정하는 3가지 질문

그런데 '당신의 고민은 잘못됐습니다. 그러니 고민을 재설정하세요!'라는 말을 들어도 뭘 어떻게 재설정해야 하는지 모르는 분들이 대부분일 겁니다. 그런 분들을 위해 '고민을 재설정하는 3가지 질문'을 알려드립니다.

① 내가 정말 걱정하는 것은 뭘까?

"지진이 일어날지도 몰라. 어떡하지. 걱정이야!"

만약 지진이 일어난다고 해도 사망자나 피해자가 발생하지 않는다면 크게 걱정할 필요가 없습니다. 즉, 여기서 내가 정말 걱정하는 것은 지진이 아니라는 뜻입니다.

만약 도쿄에 사는 당신이 지진이 일어날까 봐 너무 걱정돼서 사가 현으로 이사를 갔다고 합시다. 그 이후 지진 걱정은 전혀 안 합니다. 그런데 당신은 생각합니다. '큰 태풍이 불면 어떡하지?' **이때 정말 걱정해야 할 것은 뭘까요?** 지진이나 태풍이 아니라 '여러 가지를 걱정하는 성격' 아닐까요?

제 생각에는 불안감을 조장하는 뉴스 보도에 너무 쉽게 영향을 받거나, 긍정적인 것보다는 부정적인 것에 관심이 많은 성향도 정말 문제입니다. 이렇게 생각하면 대처법은 명확합니다.

▶ 불안을 조장하는 TV 뉴스를 보지 않는다.

▶ TV나 유튜브, 인터넷에 쓰는 시간을 줄인다.

▶ 긍정 일기를 써서 부정적인 것에 집중하는 습관에서 벗어난다.

위의 방법을 3개월 정도만 지속해보세요. 지진이 일어날지도 모른다, 태풍이 불지도 모른다는 불안감이 상당히 줄어들 겁니다. 많은 사람들이 "○○하면 어떡하지? ○○이 걱정된다"고 말하면서도 별다른 대책을 세우지 않는 것이 현실입니다. 자연재해가 두려워서 방재용품이나 식료품을 비축해두는 사람이 과연 얼마나 될까요? 결국 '걱정 병'이 문제일 뿐입니다. 당신이 진짜 걱정하는 것은 뭘까요? **자기 자신을 제대로 마주하고 '내가 정말 고민하는 것', '내가 정말 개선하고 싶은 것'이 뭔지 발견해보세요.**

② 지금 나의 고민이 해소되면 만족할 수 있을까?

"코가 낮은 것이 콤플렉스예요."

앞서 언급한 F 씨처럼 외모에 열등감이 있는 사람은 정말 많습니다. 제가 트위터에서 한 조사에 따르면 83.1%의 사람들이 다양한 신체적 열등감을 갖고 있는 것으로 나타났습니다. 누구나 콤플렉스를 갖고 있으니 그리 놀랄 일도 아닙니다. 그럼에도 불구하고 코가 너무 신경 쓰여서 성형수술을 받은 사람이 있다고 칩시다. 수술은 성공적이었습니다. 그러고 나면 '아, 정말 수술하길 잘했다. 이제 행복해'라며 만족할 수 있을까요? 사실 대부분의 사람들이 그렇지 않습니다. 그다음에는 눈이 맘에 안 들어서 쌍꺼풀 수술에 대한 고민을 할 겁니다. 이때 진짜 고민은 낮은 코나 쌍꺼풀 없는 눈이 아니라 '자신감이 없다는 것' 아닐까요? 만약 그렇다면 '고민 설정'이 잘못된 겁니다. 그렇다면 어떻게 해야 할까요?

자신감이 없다는 게 진짜 고민이라면, 자신감이 생기게 만들면 됩니다. 자신감은 자신의 행동, 노력으로 스스로 한 단계 성장하는 순간 저절로 생겨납니다. 코가 낮아서 남자 친구

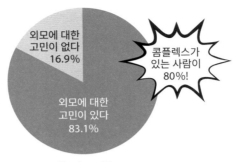

외모에 대한
고민이 없다
16.9%

콤플렉스가
있는 사람이
80%!

외모에 대한
고민이 있다
83.1%

투표수 851표

외모 고민, 콤플렉스(열등감)가 있습니까?
(예 살이 쪘다, 키가 작다, 코가 낮다, 머리숱이 적다 등)

가 없는 게 고민이라면, 요리 실력을 키워보는 것은 어떨까요? 설령 남자 친구가 생기지 않더라도 '무언가 발전했다'는 경험은 자신감을 심어줍니다. 이런 경험이 차곡차곡 쌓이면 우물쭈물하던 모습과는 다른 차원의 자아를 만나게 될 겁니다.

③ 지금 나의 고민이 해소되면 행복해질까?

"지진이 두려워요."

이런 고민을 안고 있는데 죽을 때까지 지진이 일어나지 않는다면, 행복한 삶을 살았다고 할 수 있을까요? 분명 그렇지 않을 겁니다. 그렇다면 지진 등의 재난을 겪지 않고, 사고나 큰 문제, 큰 병도 없이 건강하게 90세까지 살았다면 어떨까요? 이런 경우에는 아마도 행복한 삶이었다고 생각할 수 있겠죠.

그러니 이때의 고민은 지진 자체라기보다는 '건강하고 안전한 삶을 잃을까 봐 걱정이 된다'일 겁니다. 그렇다면 '지진이 두렵다' 같은 걱정을 할 게 아니라, '수면, 운동, 아침 산책' 등 건강한 삶을 위한 활동에 에너지를 쓰면 됩니다.

당신이 행복해지는 마법의 질문

자, 이제 고민을 재설정하는 3가지 질문을 자기 자신에게 잘 던져보셨나요? 이 질문을 제대로 하면 지금 내가 하고 있는 고민이 본질적인 것인지 아닌지를 분별할 수 있게 됩니다. 그런데 이 질문을 해봐도 내가 진짜 원하는 것이 뭔지, 정말 원하는 삶이 어떤 것인지 잘 모르겠다고 말하는 분들도 있습

고민을 재설정하는 3가지 질문

① 내가 정말 걱정하는 것은 뭘까?

② 지금 나의 고민이 해소되면
만족할 수 있을까?

③ 지금 나의 고민이 해소되면
행복해질까?

니다. 그런 분들을 위해 마법의 질문을 알려드립니다. '당신이 행복해지는 마법의 질문'이라고 불러도 좋을 것 같습니다.

'알라딘과 요술램프' 이야기를 아시죠? 〈알라딘〉이라는 제목의 디즈니 애니메이션과 영화를 본 분들도 많을 겁니다. 상상해보세요. 당신은 지금 '마법의 램프'를 손에 들고 있습니다. 램프를 문지르면 요정이 나타나서 3가지 소원을 들어주겠다고 합니다. 어떤 소원이든 다 가능하지만, 반드시 3가지만 들어준다고 합니다. 그때 당신은 무슨 소원을 빌 건가요? "지진이 일어나지 않게 해주세요!"라고 말할 건가요? 절대 아니겠죠. 좀 더 다른, 정말 원하는 일이 있을 겁니다.

방금 전까지만 해도 지진이 일어날까 봐 걱정됐는데, 참 신기한 일이죠? 이 말은 결국 지진에 대한 걱정은 그다지 큰 걱정이 아니라는 뜻입니다. 만약 정말 심각한 고민이라면 가장 먼저 말했겠죠.

마법의 램프- 질문 A

"무엇이든 3가지 소원을 들어준다면, 정말 그 고민을 말할 건가요?"

고민이 있을 때 바로 이 질문을 자기 자신에게 던져보세요. 당신의 고민이 본질적인 것인지, 정말 최우선적인 고민인지를 순식간에 알 수 있습니다.

마법의 램프- 질문 B

"어떤 소원이든 3가지 소원을 들어드립니다. 당신의 소원을 3가지 적어보세요."

당신의 소원 3가지를 써보세요. 쓰면 반드시 이루어진다는 가정을 하고 말이에요. 아마 '나쁜 습관을 없애주세요', '대인공포증이 사라지게 해주세요', '치매에 걸리지 않게 해주세요'라고 쓰는 사람은 거의 없을 겁니다.

대인공포증 때문에 고민인 사람은 '사람들과 잘 지낼 수 있게 해주세요'라고 소원을 비는 편이 낫습니다. 대인공포증이 사라졌다고 해서 바로 친구나 연인을 사귈 수 있는 건 아니니까요. '다리 떨기'나 '손톱 물어뜯기'와 같은 나쁜 습관을 고치고 싶어 하는 사람도 많습니다. 하지만 인생의 3가지 소원에는 포함되지 않을 겁니다. 당신의 진정한 소원은 '다리 떨

어떤 소원이든 들어드립니다.
다만 딱 3가지만요.

무엇이든
3가지 소원을 들어준다면,
정말 그 고민을 말할 건가요?

어떤 소원이든
3가지 소원을 들어드립니다.
당신의 소원을 3가지 적어보세요.

마법 램프의 질문

기를 그만두고 싶다'가 아니라 '사람들한테 이상한 사람으로 보이고 싶지 않다'일 겁니다. 한마디로 '많은 사람들과 원만한 인간관계를 맺고 싶다'는 것이 진정한 소원 아닐까요? 그렇다면 처음부터 인간관계가 잘 풀리기를 바라면 됩니다. 그리고 인간관계가 잘 풀리는 여러 가지 방법에 대해 알아보고 하나하나 실행에 옮기면 됩니다. 그렇게 하다 보면 다리를 떠는 습관 때문에 인간관계가 잘 풀리지 않았던 건 아니라는 사실을 깨닫게 될 겁니다.

누구나 지금 하고 있는 고민이 가장 심각하다고 생각하기 쉽습니다. 하지만 마법의 질문을 던져보면 절대 그렇지 않다는 걸 알게 됩니다. 애초에 고민에 대한 설정이 잘못되었다는 것도 깨닫게 됩니다. 또 무엇을 목표로 삼아야 하는지도 알게 됩니다. **이렇게 질문을 통해 고민을 재설정함으로써 걱정의 굴레에서 벗어날 수 있습니다.**

— 4장 —
관점을 살짝 바꾸면
다른 세상이 보인다
(관점 전환 #1)

생각을 바꾸기만 해도 대부분의 고민은 해소됩니다. 어떤 일이든 새로운 행동을 시작하는 것은 어렵습니다. 하지만 생각을 바꾸는 것은 그리 어려운 일이 아닙니다. 의자에 앉아서도 할 수 있습니다. 생각을 바꾼다는 건 고민에 사로잡혀서 굳어져버린 시각을 다른 관점으로 전환시키는 것입니다. 이것이 바로 고민 해소를 위한 첫 번째 카드, '관점 전환'입니다.

관점을 바꾸는 마법의 문장

거대한 돌도 간단히 움직일 수 있다

다시 한 번 눈앞에 무게가 10톤이나 되는 거대한 돌이 나타났다고 상상해보세요. 당신은 그 돌을 옮길 수 있나요? 아마 불가능하다고 답하겠죠. 하지만 안타깝게도 그 대답은 틀렸습니다. 10톤짜리 돌이라도 쉽게 옮길 수 있습니다. 불도저 같은 중장비를 사용하면 말이죠. 저는 '사람의 힘으로', '자신의 힘으로' 옮길 수 있느냐고 묻지는 않았습니다. 다른 사람의 도움, 기계나 편리한 도구, 프로그램이나 IT 기술의 도움을 받아도 좋습니다. 그런데 고민이 있는 사람의 대부분은 자력으로 해결하려고 합니다. 누군가에게 상담 요청을 하지도 않고 도움을 받으려고 하지도 않습니다. 여기서 관점 전환이 필요합니다. **바로 나의 목적을 실현하기 위해서는 다른 사람에게 도움을 요청해야 한다는 겁니다.**

또 한 가지 생각해볼 것이 있습니다. 과연 무엇 때문에 돌을 옮겨야 할까요? 쉽게 생각해보면 앞으로 나아가야 하는데 돌이 길을 막고 있기 때문이겠죠? 즉 돌을 치우려고 하는 행동의 목적은 '앞으로 나아가는 것'입니다. 그렇다면 돌을 치우지 않고도 앞으로 나아가는 방법을 찾으면 되지 않을까요?

▶ 돌을 기어올라 건너편으로 간다.
▶ 돌에 사다리를 걸어 건너편으로 넘어간다.
▶ 그 길은 포기하고 다른 길로 돌아간다.

이렇게 돌을 치우지 않고도 앞으로 나아가는 방법은 얼마든지 있습니다. 돌을 옮기는 것이 최종 목적이 아니라는 것을 깨닫는 순간, 수많은 대안이 떠오릅니다. 이것도 관점 전환입니다.

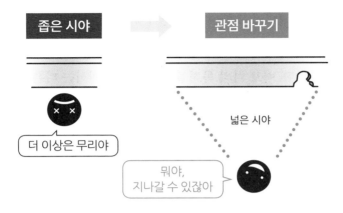

관점이란 '어떤 위치에서 사물을 보는가', '사물을 보는 시선, 입장'을 뜻합니다. 눈앞에 10미터 높이의 벽이 있습니다. 그 벽을 넘는 것은 언뜻 봐도 불가능해 보입니다.

"아, 어떡해, 어떡하지."

하지만 수십 미터 떨어진 곳에서 다시 한 번 벽을 살펴보세요. 오른쪽으로 50미터쯤 떨어진 곳에 구멍이 하나 있는 게 보입니다.

"저 구멍으로 통과할 수 있을지도 몰라!"

또는 드론을 날려봅니다. 그러자 조금만 돌아가면 중간부터 벽이 없다는 것을 알 수 있습니다.

"뭐야, 돌아가면 쉽게 갈 수 있잖아!"

드론이 없더라도 스마트폰만 있다면 누군가에게 물어볼 수도 있습니다.

"벽 때문에 길이 막혔어요."

"사다리를 쓰면 되잖아. 내가 가지고 있으니까 빌려줄게."

그러면 이렇게 또 다른 방법이 생기는 경우도 있습니다.

이렇듯 언뜻 보기에는 불가능해 보여도 관점을 조금만 바꾸면 지금 상황이 그다지 어렵지 않고 심각하지 않다는 것을 깨달을 수 있습니다. 돌(어려움)을 제거하지 않아도 된다는 것을 알게 되면 마음이 편해져서 대처법이나 해결책이 더 쉽게 떠오릅니다.

고민에 빠져버리면 시야가 좁아지기 때문에 눈앞에 있는 문제에서 벗어나지 못합니다. 또 **정보가 부족하면 불안한 마음이 생기고, 불안한 마음은 시야를 좁게 만듭니다.** 이를 스스로 자각하고 관점을 바꾸는 것이 중요합니다.

간단하게 관점을 전환시키는 마법의 한마디 "다른 방법은?"

'원인을 제거하지 않아도 관점을 바꾸면 된다'는 말이 참 쉬워 보이지만 실천하기는 쉽지 않죠? 이럴 때 간단하게 그리고 순식간에 관점을 전환시키는 마법의 문장이 있습니다. 그것은 바로 "다른 방법은?"입니다. 예를 들어, 오늘 중으로 제출해야 할 서류가 있습니다. 아침부터 계속 쓰고는 있지만 도저히 끝날 것 같지 않습니다.

"더 이상 못하겠어."

이럴 때는 스스로에게 이렇게 물어보세요.

"다른 방법은?"

▶ 다른 사람의 도움을 받는다.

혼자서 끝내는 것은 불가능합니다. 그렇다면 다른 사람의 힘을 빌릴 수밖에 없습니다. 동료나 친구에게 도움을 요청하세요.

▶ 기한을 연장해달라고 한다.

오늘 중으로 끝낼 수 없다면, 마감 기한을 내일 아침 9시로 연장해달라고 요청해보세요. 안 될 수도 있지만, 하루 정도 연장해줄 가능성이 전혀 없는 것은 아닙니다.

▶ 현재 상황을 보고한다.

제출 기한이 지나고 나서 상사에게 늦었다고 보고하는 것은 좋은 방법이 아닙니다. 마감일 전에 "아무래도 늦어질 것 같습니다"라고 미리 보고하세요. 또는 "어떻게 하면 좋을까요?"라고 물어보세요. 결과가 나온 뒤에는 돌이킬 수 없지만, 마감 전에 이야기하면 "일단 완성된 부분까지만 제출하고 나중에 다시 제출하세요" 같은 대안이 나올 수 있습니다.

이렇게 혼자 아무리 고민해도 해결할 수 없을 때, 스스로에게 "다른 방법은?"이라고 질문해보면 관점이 전환되고 "더 이상은 무리야"가 "어떻게든 될 거야"로 바뀔 수 있습니다.

관점을 바꾸는 3가지 기술

1. 중립 상태에서 보기

당신의 긍정 사고는 틀렸다

자기계발서에 자주 등장하는 세일즈맨 이야기를 아시나요?

> 두 명의 세일즈맨이 남쪽 섬에 파견되었습니다. 현지에 도착한 두 사람은 깜짝 놀랐습니다. 그곳 사람들은 모두 맨발이고, 신발을 신은 사람이 한 명도 없었기 때문입니다.
>
> 두 사람은 각각 회사에 전보를 쳤습니다.

A "아무도 신발을 신지 않았습니다. 여기서는 신발을 팔 수 없습니다!"

B "아무도 신발을 신지 않았습니다. 신발을 얼마든지 팔 수 있는 절호의 기회입니다!"

당신이라면 어떻게 생각하나요? 'A는 부정적 사고이고 B는 긍정적 사고이다. 아무리 불리하고 어려운 상황에서도 긍정적인 마음을 가지면 기회가 열린다. 따라서 B가 옳다'라는 생각이 자기계발서에서 말하는 긍정적 사고입니다. 하지만 긍정심리학의 관점에서 보면 이것은 완전히 틀린 말입니다. '아무도 신발을 신지 않았으므로 신발을 팔 수 있는 절호의 기회다!'라는 생각에는 아무런 근거가 없습니다. 이렇게 근거 없는 낙관주의는 일확천금을 노리는 도박과 다를 바가 없습니다. 그렇다면 너무 비관적이지도 않고, 근거도 없이 지나치게 낙관적이지도 않은 또 다른 사고방식을 이야기해보겠습니다.

▶ 현지인에게 처음 보는 신발의 느낌을 물어보자.
▶ 몇 명에게 신발을 신겨보고 착용감을 물어보자.

▶ 정말 신발이 전혀 안 팔릴까? 일단 몇 켤레를 팔아보자.

▶ 가격이 얼마여야 살 생각이 있는지 물어보자.

처음부터 포기하는 것도 아니고, 무조건 기회라고 생각하는 것도 아닙니다. 선입견은 버리고 감정적으로 생각하지 않습니다. 근거와 증거, 데이터를 모아서 현 상황을 분석하고 냉정하게 판단, 행동합니다. 흥분하지 않고 긍정적인 가능성을 모색합니다. 이것이 긍정심리학에서 말하는 진정한 긍정적 사고입니다.

긍정심리학은 미국심리학회 회장이자 펜실베이니아대학교 심리학과 교수인 마틴 셀리그먼(Martin E. P. Seligman) 박사가 1998년에 창시한 심리학의 한 분야입니다. 긍정심리학에 관한 책이 많이 나와 있지만, 읽어보지도 않고 '긍정'이라는 단어에 이끌려 잘못 이해한 사람들이 많아 너무 안타깝습니다. 흔히들 긍정은 부정의 반대라고만 생각하는 경향이 있습니다. 당신이 생각하는 긍정적인 사람은 아마도 낙관적이고 적극적이고 명랑한 사람일 것입니다.

하지만 영어의 'positive'에는 '긍정(肯定)'이라는 의미가 있습니다. 즉, '현재 상황을 잘 관찰하고 있는 그대로 인정한다'는 뜻인 거죠. '지금, 이 순간'에 집중하자는 마음 챙김 요법도 긍정심리학의 영향을 받아 발전하고 있습니다. 이와 비슷한 맥락으로 '자존감이 높은 사람'이라고 하면 '자신감이 넘치는 사람'이라는 이미지를 떠올리기 쉽지만, 이 역시 잘못된 생각입니다.

> '나는 완전 실패했어. 나는 정말 못났어. 하지만 그런 점도 다 내 모습이잖아.'
> '나는 성격이 어두워. 하지만 그런 성격도 소중한 나의 일부분이야.'

이렇게 **아무리 못난 자신의 모습도 있는 그대로 받아들이는 것이 진정한 자존감**입니다. 남쪽 섬에 파견된 세일즈맨이 취해야 할 관점은 다음과 같습니다. '비관하지도 낙관하지도 말고, 일단 조사부터 하자. 일시적인 감정에 휘둘리지 말고, 현재 상황을 분석하고, 사실과 데이터를 수집한 후 객관적으로 판단하고 행동하자.' 이것을 저는 **중립적 태도, 사고방식**이라고 부릅니다. 긍정심리학에서 말하는 '긍정'과 거의 같은 의미입니다. 그러나 '긍정'이라는 말의 왜곡된 이미지에 끌려가지 않기 위해 '중립'이라는 단어를 사용하겠습니다.

중립은 다음과 같은 의미로 쓰입니다.

▶ 감정에 휘둘려서 일희일비하지 않는다.

▶ 하나의 정보에 휘둘리지 않고 종합적으로 데이터를 수집하여 선입
견과 편견을 없앤다.

▶ 부분이 아닌 전체를 보고 판단한다.

▶ 중립적으로 판단하고 행동한다.

▶ 쉽게 포기하지 않고 냉정하게 관찰하면서 끈질기게 지속한다.

이런 생각을 할 수 있는 사람은 어려움에 처해도 일희일비하지 않기 때문에 스트레스를 잘 받지 않습니다. 중립적인 태도를 갖고 있는 사람은 회복 탄력성이 좋고 건강하게 오래 산다는 것이 과학적 데이터로도 증명되고 있습니다.

물이 절반 담긴 컵

긍정심리학과 관련해서 유명한 일화가 또 하나 있습니다.

컵에 물이 반쯤 담겨 있습니다. 이걸 보고 당신은 어떤 생각을 할까요?

A 물이 반밖에 없네.

B 물이 반이나 있네.

　A는 부정적 사고, B는 긍정적 사고라는 것이 일반적인 생
각입니다. 그런데 또 다른 생각이 하나 더 있습니다. 그것은
바로 있는 그대로 '컵에 물이 반쯤 차 있다'라고 생각하는 중
립적인 사고입니다. '반**밖에** 없다', '반**이나** 있다'는 것은 주
관적인 판단입니다. 주관에는 감정과 생각이 들어가기 때문
에 그날의 기분에 따라 달라질 수도 있습니다. 하지만 '컵에
물이 반쯤 차 있다'는 것은 그저 객관적인 사실일 뿐입니다.
사실이란 누가 봐도 똑같은 것입니다. 아무도 컵에 물이 반쯤
담겨 있다는 사실에 이의를 제기하지 않는다는 뜻입니다. 이
렇게 **'사실과 감정을 구분하는 것'은 중립적인 관점의 기준**
입니다.

판단을 왜곡하는 인지편향

　사물을 부정적으로 보는 사람은 1%의 가능성만 있어도 걱
정을 심하게 하기 때문에 하루하루가 불안과 걱정으로 가득
합니다. 물론 지나치게 낙관적인 것도 좋은 것은 아닙니다.
공부는 하지도 않으면서 "괜찮아! 괜찮아!"를 100번 외친들

성적은 오르지 않습니다. 지나친 부정과 지나친 긍정은 선입견일 뿐입니다. 부정적인 사고를 하는 사람은 자신에게 불리한 정보만 수집하고, 과도하게 긍정적인 사고를 하는 사람은 자신에게 유리한 정보만 수집합니다. 둘 다 잘못된 판단과 사고를 유발하는 나쁜 습관입니다. **이것이 바로 인지편향입니다. 편향된 생각과 선입견으로 비합리적인 판단을 하는 것을 말합니다.** 중립적인 관점에서 최대한 바른 정보를 얻고 바른 판단을 해야 합니다. 그래야 실패 확률을 줄이고 성공 확률을 높일 수 있습니다. 인생은 중립적일 때 잘 풀립니다.

사실과 감정 구분하기

격렬한 감정이 치밀어 오르면 사물을 객관적으로 볼 수 없습니다. 사실과 감정이 뒤섞이면 냉정하고 객관적으로 바라볼 수 없습니다. 사실이 감정이라는 짙은 안개로 뒤덮이게 됩니다. 사실을 제대로 이해하고 대처할 수 없으면 스트레스가 쌓이고 불안과 분노가 심해집니다. 그리고 그다음은 진흙탕이라는 빤한 패턴이 기다리고 있습니다. 이 말인즉슨, 사실과 감정을 분리할 수만 있다면 충격적인 일, 싫은 일도 스스로 처리할 힘이 생긴다는 것입니다. 그렇다면 어떻게 해야 사실과 감정을 분리해서 생각할 수 있을까요? 우선 다음과 같이 연습해보세요.

사실은 무엇인가?

감정은 무엇인가(어떻게 느끼나)?

사고는 무엇인가(어떻게 생각하나)?

컵에 든 물을 예로 들어 답변해보세요.

사실은 무엇인가? – 컵에 물이 반쯤 들어 있다.

감정은 무엇인가(어떻게 느끼나)? – 이제 반밖에 없다. 아쉽다.

사고는 무엇인가(어떻게 생각하나)? – 점원이 빨리 물을 더 갖다 줬으면 좋겠다.

좀 더 구체적인 예를 통해 사실과 감정을 구분하는 연습을 해봅시다.

'메시지가 잘못 전달되는 바람에 거래처 사람이 화를 냈다. 내 잘못이 아니다. 잘못은 그쪽이 했다.'

회사 일을 하다 보면 흔히 이런 상황이 생기곤 합니다. 그런데 분노와 격한 감정이 일어나다 보면 판단력이 흐려집니다.

이 사건을 구체적으로 말하자면, 납품일을 어겨서 거래처 직원이 화를 낸 겁니다. 하지만 그 원인을 따져보면 거래처에서 9월 15일이라는 납품일을 5일이라고 잘못 이해한 것이 발단이었습니다. 나는 틀림없이 15일이라고 알려줬기 때문에 내 잘못은 아닙니다. 내 말을 잘못 들은 거래처 직원의 실수인데도 오히려 그쪽에서 화를 내고 있습니다. 이 사건을 사실과 감정을 구분해서 정리해봅시다.

사실은 무엇인가?
— 나는 9월 15일에 납품하겠다고 말했다. 거래처는 9월 5일에 납품한다고 들었다.
감정은 무엇인가(어떻게 느끼나)?
— 나는 잘못이 없다. 납득할 수 없다.
사고는 무엇인가(어떻게 생각하나)?
— 나는 제대로 알렸으니, 잘못 들은 거래처 직원의 잘못이다(라고 나는 생각한다). 나는 잘못이 없다.

그렇다면 어떻게 할 것인가. 지금 할 수 있는 일은?

— 9월 5일에 납품이 되지 않았다고 거래처는 화를 내고 있다. 따라서 바로 사과를 하고 사정을 설명한다. 9월 15일에는 반드시 납품하겠다고 설명한다. 상품관리부에 연락해서 납품일을 하루라도 앞당길 수 있는지 확인한다.

같은 실수를 두 번 다시 하지 않기 위해서는? (피드백)

— 납품일 등의 숫자는 구두뿐만 아니라 문서, 이메일 등으로 기록을 남겨 증거로 삼는다.

한 번이 아니라 두 번 세 번 확인한다. '9월 15일 목요일'이라고 요일도 함께 전달하는 것을 원칙으로 삼는다.

이미 지나간 일은 바꿀 수 없습니다. 하지만 사과를 하거나 하루라도 납품일을 앞당기기 위해 조정하는 등 지금 당장 할 수 있는 일은 분명히 있습니다. 그러므로 지금 할 수 있는 일을 할 수밖에 없습니다. 거래처 사람을 욕하면서 감정을 드러내고 있을 여유는 없습니다. 할 수 있는 일을, 할 수 있는 범위 내에서 하면 됩니다. 실패, 실수는 이미 벌어진 일이고 바꿀 수도 없습니다. 다시 같은 실수를 하지 않으면 됩니다. 그러기 위해서 나 자신에게 질문을 던지면 됩니다. 그 질문은 바로 '같은 실수를 반복하지 않기 위해 지금 내가 할 수 있는 일은 뭘까?'입니다.

2. 멀리서 보기

가까이서 보면 비극이 찾아온다

'근시안적'이라는 말이 있습니다. 눈앞에 보이는 것에만 집착하여 미래나 큰 그림을 보는 능력이 부족하다는 뜻입니다. 즉, 부분만 보고 전체를 보지 못한다는 거죠. 축구로 비유하면 자신의 발밑이나 공만 보고 뛰는 것과 같습니다. 패스를 하는 단계에 이르러서야 주변을 둘러본들 이미 늦습니다. 그만큼 넓게 보는 것 자체가 중요한 거죠. 뛰어난 선수들은 항상 필드 전체를 둘러본다고 합니다.

같은 팀 선수가 어디에 있고, 상대 팀 선수는 어디에 있는지, 빈 공간은 어디인지를 보는 거죠. 마치 우리가 TV 중계를 보면서 축구장 전체를 내려다보는 것처럼 필드 전체를 파악하고 있기 때문에 바늘에 실을 끼우듯 정확한 패스를 하고, 기적적인 골을 넣는 것입니다. **전체를 내려다볼 수 있으면 더**

정확한 판단을 할 수 있고, 절호의 기회를 놓치지 않을 수 있습니다. 이것이 바로 '멀리서 보기', '넓은 시각에서 보기'입니다.

"인생은 가까이에서 보면 비극이지만, 멀리서 보면 희극이다."

흑백영화 시대의 스타 찰리 채플린의 말입니다. 사물을 클로즈업해서 보면 단점과 결점, 잘 안 되는 점 등 부정적인 부분만 눈에 띕니다. 하지만 멀리서 보면 별거 아니라는 것을 알게 됩니다. 잘하고 있는 부분도 있고, 잘 못하는 부분도 있다는 것을 깨닫게 됩니다.

고민을 해소하기 위해서는 '멀리서 보기'라는 관점 전환이 필수입니다. 물론 클로즈업으로 보는 것, 세세한 부분을 주의 깊게 관찰하는 것이 결코 나쁜 것만은 아닙니다. 다만, 그것은 전체를 파악한 후에 해야 할 일입니다. 멀리서만 보는 것도 좋지 않습니다. 영화에서도 롱숏과 클로즈업이 결합되어야 영상이 더 재미있습니다. 카메라의 줌을 전환하듯 관점을 자유롭게 넘나들며 사용하는 것이 고민 해소의 기술입니다.

"인생은
가까이서 보면 비극이지만,
멀리서 보면 희극이다."

_찰리 채플린

'심리적 시야협착'이라는 보이지 않는 적

고민이 깊은 사람의 공통점 중 하나는 상담할 사람이 없다는 것입니다. 이들은 '아무도 나를 신경써주지 않는다' 혹은 '나를 걱정해주는 사람이 없다'고 말합니다. 실제로는 그 사람에게 관심을 갖고 지지해주는 사람이 분명 있는데도, 이런 말을 하니 참 이상합니다. 왜 그럴까요?

인간은 궁지에 몰리면 어떤 한 가지 생각에 사로잡혀서 시야가 좁아집니다. 이를 '심리적 시야협착'이라고 합니다. 이것에 빠지면 주변이 전혀 보이지 않습니다. 다른 사람에게 상담을 받거나 책을 읽으면 문제 해결에 도움이 될 거라는 당연한 생각조차 잘 하지 못합니다. 불안과 공포에 사로잡혀서 당장 눈앞에 보이는 고민거리만이 머릿속을 가득 채워버리는 거죠. 그렇게 되면 타인에 대한 관심과 배려 같은 건 생각할 여유가 없습니다. 아니 타인이라는 존재 자체가 눈에 들어오지 않습니다. 우울증에 걸린 사람이 심리적 시야협착에 빠지면 '아, 나는 결국 죽는 수밖에 없겠구나'라는 극단적인 사고에 빠져서 자살하는 지경에까지 이릅니다.

일단 움직이면서 생각하기

도쿄의 아타고 신사에는 다 오르면 출세할 수 있다는 '출세의 돌계단'이라는 것이 있습니다. 계단이 86개에 경사가 40도나 되기 때문에 꽤 위압감이 있습니다. 이 '출세의 돌계단'을 오르려면 어떻게 해야 할까요? 당연히 한 계단씩 올라가는 수밖에 없습니다. 하지만 많은 사람들이 맨 위의 86번째 계단을 바라보며 '아, 힘들겠다. 저렇게 높은 곳까지 올라가는 건 무리야'라고 생각합니다. '고민 해소'도 이와 마찬가지입니다. **맨 아래에서 갑자기 목적지를 올려다보면 난이도가 최상이 됩니다. 무리라고 생각하는 게 당연합니다.**

그럼 일단 10계단만 올라가봅시다. 그 정도라면 그리 어렵지 않습니다. 그리고 또 한 번 10계단을 올라가서 뒤를 돌아보면 풍경이 달라집니다. 또 10계단, 그리고 또 10계단을 올라가세요. 40계단까지 오르고 나면 또 풍경이 달라집니다. 이대로라면 끝까지 갈 수 있을 것 같은 기분이 듭니다. 뒤를 돌아보면 '벌써 이렇게 높은 곳까지 왔구나. 절반은 왔구나'라는 작은 성취감도 생기고, 의욕이 샘솟습니다. 그렇게 올라가다 보면 어느새 86개의 계단을 모두 올라가게 됩니다. 등산을 해본 사람은 알겠지만, 단 10분만 올라가도 풍경이 확 달라집니다. 이렇게 해서 관점이 달라집니다. 시야가 넓어지면 길을 잃을 확률도 줄어듭니다. 어느 길이 지름길인지 저절로 보입니다.

그런데 대부분의 사람들은 한 계단도 오르지 않은 상태에서 이미 올라갈지 말지를 결정해버립니다. 하지만 일단 10개의 계단을 올라가본 후에 결정해도 늦지 않습니다. 오히려 그래야 더 올바른 판단을 할 수 있습니다.

한 계단도 오르지 못한 채 먼 목표를 바라보며 '아, 어떡하지, 어떡해'라고 고민하는 것은 시간 낭비입니다. 일단 계단 1단, 그러고 나서 계단 10단을 올라가보세요. **결국 올라가면서 생각하면 된다는 말입니다. 뭐든 일단 행동으로 옮기면서 고민하면 됩니다.** 보이는 풍경이 바뀌면 다양한 아이디어도 떠오릅니다. 아무리 봐도 불가능할 것 같았던 일도 관점을 조금만 바꾸면 할 수 있을 것 같은 일로 바뀝니다.

3. 극단적인 사고방식에서 벗어나기

'0/100 사고'는 사람을 불행하게 만든다

중립적으로 생각하지 못한다는 것은 다른 말로 하면 사고방식이 극단적이라는 뜻입니다. 그 대표적인 예가 '0/100(제로백) 사고'입니다. 0인가 100인가, YES인가 NO인가, 할 것인가 말 것인가, 흑인가 백인가, 선인가 악인가 같은 이분법적 사고를 말합니다. 이런 사고에 빠지면 세상만사를 '성공했어 실패했어?', '0점이야 100점이야?' 같은 극단적인 기준으로만 판단하게 됩니다. 예를 들어 정신질환 내담자에게 증상이 호전되더라도 약은 계속 먹는 게 좋다고 설명하면 "그럼 약을 평생 먹어야 하는 건가요?"라는 질문을 받습니다. '약을 끊는다' 아니면 '평생 먹는다'. 극과 극으로 사고하기 때문에 이런 질문을 하는 거죠. 꼭 이 두 가지 경우가 아니더라도 '매일은 아니고 컨디션이 나쁠 때만 먹는다', '약을 잠시 끊었다가 재발하면 다시 먹는다' 같은 다양한 경우의 수가 있을 수 있습니다.

지금 힘든 내 마음을 치료하는 데 집중해야지 10년 후에 약을 먹어야 할지 말지를 지금 생각하면 불안과 걱정은 끝이 없습니다. **만사를 이분법적으로 생각하면 선택지는 극단적인 두 가지밖에 없습니다. 그렇게 되면 통제할 수 없는 느낌이 강해지고 스트레스가 커집니다.** 이는 마음이 힘든 사람들의 공통점이기도 합니다.

제로백 사고에서 벗어나면 선택지는 늘어난다

'좋아하는 사람이 있는데 고백을 못 하겠어요.'

직장에 좋아하는 사람이 있는데 고백을 할지 말지 고민 중이라고 가정해봅시다. '고백하느냐 마느냐' 이 둘 중 꼭 하나를 선택해야 한다고 생각하면, 거절을 당하고 어색한 사이가 되거나 거절을 당하고 상처받을까 봐 걱정을 하게 되고, 결국에는 고백하지 않는 게 낫다는 결론을 내리게 됩니다. 자, 그럼 이제 다른 관점에서 대처법을 생각해볼까요? 고백을 하는 목적이 뭔지부터 한번 생각해봅시다.

'상대가 나를 어떻게 생각하는지, 나에게 호감이 있는지를 알고 싶다. 만약 호감이 있다면 사귀고 싶다.'

바로 이게 목적 아닐까요? 만약 그렇다면 상대방이 나에게 호감이 있다고 판단되는 경우에만 고백하면 됩니다. 그러면 실패할 확률은 현저하게 낮아집니다. 그러면 상처받고 좌절할 일도 없어집니다.

▶ 지방에 출장을 갔을 때 특별한 기념품을 사다 준다.
▶ 다른 사람들에게 주는 것보다 약간 비싼 선물을 주면서 차별화 전략을 쓴다.

또 상대방에게 호감을 갖고 있다는 것을 비언어적인 표현으로 드러내는 건 어떨까요? 그러고 나서 상대의 반응을 보면 됩니다. 상대방이 기뻐한다면 호감이 있는 것이고, 귀찮아하는 표정을 짓는다면 호감이 없는 것입니다. 아니면 근처에 새로 생긴 레스토랑에 가보자며 식사에 초대하는 것도 좋습니다. 일대일 초대에 응한다면 호감이 있는 것입니다. 다른 친구도 불러서 함께 가자고 하거나 바쁘다고 거절하면 호감이 없는 거라 보면 됩니다. 식사에 초대하는 것 정도는 흔한 일이기 때문에 거절당했다고 해서 어색해할 필요는 없습니다. 정신적으로 위축될 필요도 없습니다.

'고백하느냐 마느냐'라는 이분법적 사고에서 벗어나, 고백

이외의 간접적인 방법으로 자신의 마음을 전달하고 상대방이 나에게 호감이 있는지 없는지를 알아보는 방법은 얼마든지 있습니다. 제로백 사고에서 벗어나면 생각이 유연해지고, 다양한 아이디어와 대처법이 떠오릅니다.

'보통이다'를 넣어서
생각하는 습관

못하는 게 아니라 보통이라고 생각하자

여기까지 읽고도 여전히 '흑과 백'을 명확히 하지 않으면 직성이 풀리지 않는 분들도 있을 겁니다. 그분들을 위해 좀 더 구체적인 고민을 예로 들어볼게요. 트위터에서 '당신은 남들 앞에서 말하는 것을 잘합니까?'라는 질문을 던진 결과, '잘한다'가 17.8%, '못한다'는 82.2%였습니다.

그러고 나서 6개월 후 같은 질문을 올렸는데 이번에는 '보통이다'라는 선택지를 추가했습니다.

그 결과, '잘한다' 9.4%, '못한다' 67.1%, '보통이다'가

23.5%였습니다. 보통이라는 선택지를 추가했을 뿐인데 못한다고 대답한 사람이 82.2%에서 67.1%로 약 15%나 줄었습니다. 잘하는지 못하는지를 물으면 부정적인 사람은 바로 '못한다'고 생각합니다. 하지만 '보통'이라는 선택지를 넣는 것만으로도 15%나 되는 사람들이 못하는 게 아니라 보통이라고 생각하게 된 것입니다. 또 선택지가 3가지로 늘어나자 '잘한다'는 사람이 17.8%에서 8.4%나 감소했습니다. 거의 절반이나 줄어든 것입니다. 결과적으로 사람들 앞에서 말을 잘한다고 생각하는 사람은 10명 중 1명 정도임을 알 수 있습니다. 따라서 당신이 남들 앞에서 말하는 것이 서툴다고 해도 비관할 필요는 전혀 없습니다.

'나는 사람들 앞에서 왜 이렇게 말을 못하지.'

이렇게 한탄할 필요가 없다는 말입니다. 90% 이상의 사람들이 당신과 똑같은 고민을 하고 있으니까요. 말을 잘하는 것은 매우 고도의 기술입니다. 당신은 말을 잘 못하는 91%에 해당할 뿐입니다. 억지로 말 잘하는 사람이 되려고 애쓸 필요는 없습니다.

제가 아무리 이렇게 말해도 믿지 못하는 분들이 있을 겁니다. 그럼 다른 질문으로 검증해보겠습니다.

트위터에서 "당신은 자존감이 높습니까?"라고 물으니, '높다'가 26.2%, '낮다'가 73.8%로 나왔습니다. 그리고 방금 전 조사와 마찬가지로 6개월 후 '보통'이라는 선택지를 추가해서 같은 질문을 올렸더니 역시 결과는 '높다' 13.8%, '낮다' 58.4%, '보통' 27.8%가 나왔습니다. '보통'이라는 선택지를 넣자 '자존감이 낮다'고 답한 사람이 73.8%에서 58.4%로 15.4%나 감소했습니다. '자존감이 높다'는 사람도 26.2%에서 13.8%로 감소했습니다. '남들 앞에서 말하기'와 마찬가지로 무려 절반이나 줄어든 것입니다.

'자존감이 낮아서' 우울해하고 자책하는 분들이 있습니다. 하지만 '자존감이 높다'고 생각하는 사람은 7명 중 1명밖에 없다는 사실을 기억해보세요. '자존감이 낮다'고 응답한 사람은 과반수가 넘습니다. 그걸 생각해보면 '자존감이 낮다'는 건 어쩌면 당연한 일입니다. 만약 당신이 그렇게 생각하더라도 86%라는 다수에 포함되는 보통 사람이기 때문에 굳이 자신을 비하할 필요는 없습니다.

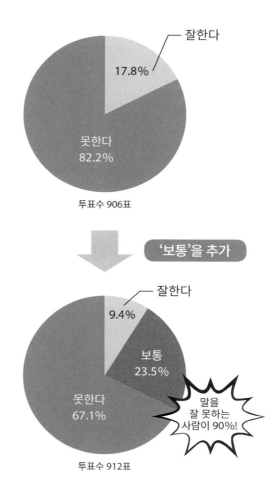

잘한다

17.8%

못한다
82.2%

투표수 906표

'보통'을 추가

잘한다

9.4%

보통
23.5%

못한다
67.1%

말을
잘 못하는
사람이 90%!

투표수 912표

사람들 앞에서 말을 잘합니까?

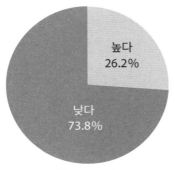

투표수 1355표

'보통'을 추가

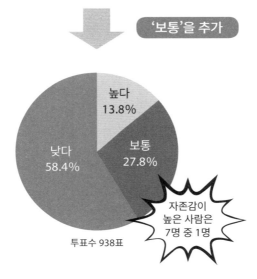

투표수 938표

당신은 자존감이 높습니까?

'좋다, 보통이다, 나쁘다'를 기준으로 삼는다

'좋다, 나쁘다'가 아니라 '좋다, 보통이다, 나쁘다'를 기준으로 생각하세요. '좋다, 싫다'가 아니라 '좋다, 보통이다, 싫다'를 기준으로 생각하세요. '0이냐 100이냐'가 아니라 65나 70도 있다고 생각하세요. 생각을 이 정도만 바꿔도 마음이 정말 편해집니다. 인지편향 중 하나로 '부정편향'이라는 것이 있습니다. 이는 긍정적인 것보다 부정적인 것에 더 쉽게 끌리는 인간의 심리를 말합니다.

> ▶ 자신의 장점보다 단점에 주목한다.
> ▶ 잘 되고 있는 부분보다 잘 안 되는 부분에 주목한다.
> ▶ 칭찬보다 비판이 더 기억에 남는다.
> ▶ 긍정적인 뉴스보다 부정적인 뉴스에 더 관심을 갖는다.

이 모든 것이 부정편향입니다. 즉, **자존감이 '높은가 낮은가'를 물었을 때 '낮다'고 답하는 것은 우리 뇌가 본능적으로 부정편향을 좋아하기 때문입니다.** 다시 말해 당신이 부정적인 것은 특별히 성격이 부정적이어서가 아니라 인간의 뇌가

사람들 앞에서 말을 잘합니까?

'보통이다'를 추가하면 자기 평가가 바뀐다

원래 그렇게 만들어져 있기 때문이라는 거죠. 그렇기 때문에 만약 당신이 의식적으로 '제로백 사고에서 벗어나자', '부정적인 사고에서 벗어나자'라고 결심한다고 해도 쉽게 고쳐지지 않습니다. 그러니 세 가지 선택지로 바꿔서 생각하기, 즉 선택지에 '보통이다'를 넣는 습관을 들이세요. 이 정도는 누구나 당장 실천할 수 있습니다.

'즐거운가 괴로운가'가 아니라, '그럭저럭이다, 그저 그렇다, 보통이다'라는 선택지를 넣는 거죠. 그것만으로도 '괴롭다'가 '그럭저럭이다'로 바뀝니다. 고민의 3가지 특징 중 하나인 '힘들고 괴로운 감정'도 이렇게 간단한 방법으로 줄일 수 있습니다.

모두 같은 고민을 하고 있다

거의 모든 사람들이 남들과 비슷한 평균에 해당되는데도 열등감에 시달립니다. 이 가설을 증명하기 위해 트위터에 이런 질문을 올렸습니다.

"당신은 내성적입니까, 아니면 외향적입니까?"

스스로 내성적이라고 답한 사람은 80.0%였습니다. 즉, 내성적인 사람이 보통이고, 외향적인 사람이 특별한 것입니다. 직장에서 인간관계로 고민하는 사람은 얼마나 될까요? 조사 결과, 인간관계로 고민하고 있다고 답한 사람은 67.2%로 3명 중 2명이 인간관계로 고민하는 것으로 나타났습니다. 직장에서 인간관계가 잘 풀리지 않으면 '나는 왜 이런 회사에 들어왔지?', '나는 왜 이렇게 인복이 없지?'라고 생각하겠지만, 이 세상의 직장인들 중 3분의 2가 인간관계로 고민하고 있습니다. 그러므로 성격이 내성적이어서 고민이거나 인간관계 때문에 힘들 때는 이렇게 생각해보세요. '나만 이런 고민을 하고 있는 것이 아니다. 대부분의 사람들이 나와 똑같은 고민을 하고 있다'라고 말이에요.

"내가 이렇게 된 건 나쁜 부모 탓이다."

트위터에서 "당신의 부모는 나쁜 부모입니까?"라는 설문 조사를 했더니 '예'라고 대답한 사람이 무려 49.4%나 되었습니다. 약 2명 중 1명이 자신의 부모를 나쁜 부모라고 생각한다는 거죠. 참고로 투표수는 905표로 결코 적은 수가 아니었습니다. 나쁜 부모는 특별한 케이스가 아니라 우리 주변 어디에서나 발견할 수 있다는 말입니다. 자신의 인생이 잘못된 게 다 부모 탓이라며 원망하는 분들이 많습니다. 만약 그렇다면 이 세상에 그렇게 생각하는 사람들이 생각보다 아주 많다는 것을 기억해보세요.

"발달장애 진단을 받아 우울합니다."

제 유튜브 채널에 가장 많이 올라오는 질문 중 하나입니다. 자신의 아이 혹은 자신이 발달장애 진단을 받으면 당황할 수밖에 없습니다. 낙담하는 마음은 충분히 이해가 갑니다. 그런데 발달장애를 가진 사람이 어느 정도 비율로 존재하는지 알고 있나요?

최근 연구에 따르면 우리나라 아동의 6~10%가 발달장애 진단을 받는다고 합니다. 미국의 경우에는 20세까지 정신과를 방문해서 발달장애 진단을 받은 사람의 수가 전체의 10%라고 합니다. 즉 10명 중 1명은 발달장애를 앓고 있다는 것입니다. 게다가 '발달장애의 그레이존'이라는 것도 있습니다. 발달장애까지는 아니지만, 일상생활에 어려움을 겪고 있는 사람들을 이렇게 말합니다. 이들의 비율도 발달장애와 비슷한 정도로 존재한다고 추정되기 때문에, 따지고 보면 5명 중에 1명은 '발달장애' 또는 '발달장애의 그레이존'이라고 할 수 있습니다. 그러니 인터넷에 떠도는 발달장애 체크리스트 중 몇 가지에 해당되어도 그리 놀랄 일은 아닙니다. 발달장애의 행동 특성에는 부정적인 면과 긍정적인 면이 다 있습니다. 자신이 발달장애임을 공식적으로 밝힌 유명인도 많습니다. 발달장애라고 해서 인생이 망가진 것은 아니기 때문입니다.

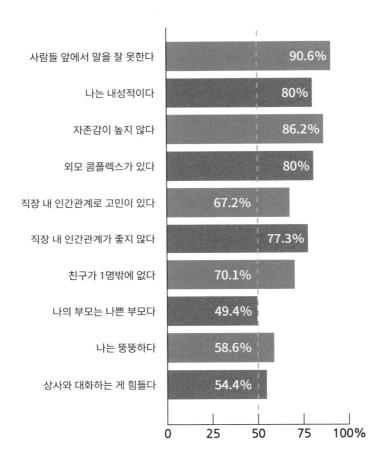

사람들 앞에서 말을 잘 못한다   90.6%

나는 내성적이다   80%

자존감이 높지 않다   86.2%

외모 콤플렉스가 있다   80%

직장 내 인간관계로 고민이 있다   67.2%

직장 내 인간관계가 좋지 않다   77.3%

친구가 1명밖에 없다   70.1%

나의 부모는 나쁜 부모다   49.4%

나는 뚱뚱하다   58.6%

상사와 대화하는 게 힘들다   54.4%

0   25   50   75   100%

모두 같은 고민을 안고 있다

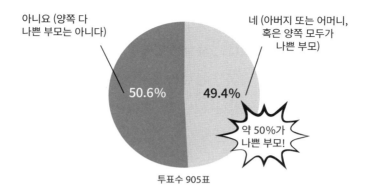

아니요 (양쪽 다
나쁜 부모는 아니다)

네 (아버지 또는 어머니,
혹은 양쪽 모두가
나쁜 부모)

50.6%   49.4%

약 50%가
나쁜 부모!

투표수 905표

당신의 부모는 나쁜 부모입니까?

고민의 원인은 당신 자신

내담자나 상담을 요청하는 분들의 이런저런 고민을 듣고 있
으면 당사자는 너무 힘들고 고통스럽겠다는 생각이 듭니다.
사람이 나쁜 일을 겪다 보면 너무 괴롭기 때문에 부정적인 감
정에서 쉽게 벗어나지 못하는 것은 당연합니다. 하지만 '왜
나만 힘들지?', '왜 하필이면 나만 이렇게 불행한 거야?'라는
생각은 명백하게 잘못된 거라고 말씀드리고 싶어요.

내가 너무 힘들다 보면 세상에 다른 많은 사람들이 나와 똑같은 고민을 하고 있다는 사실을 잊어버리곤 합니다. 실제로는 압도적 다수에 속하는 자신을 못난 사람이라고 생각하며 자기 비하나 자책을 합니다. 이렇게 자기 자신에게 상처를 주면서 스스로 부정적인 감정을 만들어냅니다. 그러다 보면 고민이 더 깊어집니다. 이 경우 고민의 진짜 원인은 바로 나 자신입니다. 스스로 고민을 만들어내면서 자기 자신을 괴롭히고 있기 때문이죠. 이 맥락을 이해하면 대부분의 고민은 해소할 수 있다고 저는 믿습니다.

계속 강조해서 말씀드리지만 중요한 건 자신이 '보통'이고 '다수'라는 것을 이해하는 것입니다. 사람들이 어떤 고민을 하는지 알아보기 위해 제 트위터 계정을 통해 두 번 이상의 설문조사를 실시했습니다. 데이터 수는 대략 1000개 정도입니다. 웹사이트에도 수많은 조사 결과가 나와 있지만 대상자가 500명 이하인 경우가 많습니다. 제가 얻은 데이터를 바탕으로 큰 소리로 말해주고 싶습니다.

당신만 고민하고 있는 게 아닙니다. 당신만 불행한 것이 아닙니다.

당신은 사실 아주 '보통'이고, '다수'에 속하는 사람입니다. 그러니 자신을 탓하지 마세요.

이 말만 진심으로 이해할 수 있다면, 당신이 갖고 있는 부정적인 감정도 상당 부분 사라질 것입니다.

나보다 잘 아는 사람에게 물어본다

혼자 고민은 1주일만

자신의 관점 즉, 자신의 경험과 아이디어만으로는 아무래도 선택지의 범위가 줄어들 수밖에 없습니다. 줄곧 자신만의 방식으로 살아왔는데 갑자기 생각과 관점을 바꾸라고 하면 어려운 게 당연합니다. 그러니 다른 사람의 머리를 빌려보세요. 다른 사람의 경험과 지식을 빌리는 것입니다. 전문가에게 충고와 조언을 받으면 몇 달 동안 고민하던 문제도 순식간에 대처법을 찾을 수 있습니다.

만약 혼자서 1주일 동안 고민을 해봤는데 해결책이 나오지 않는다면 시간 낭비입니다. 더 이상 시간을 더 써봤자 좋은 대처법이 나올 가능성은 낮습니다. 이미 시야가 좁아진 상태이고 심지어 공황 상태일지도 모릅니다. 그렇다고 정말 해결, 해소할 수 없는 문제인가 하면 사실 꼭 그렇지도 않습니다.

경험이 많은 사람(직장 선배나 상사)이나 전문가는 당신보다 더 넓은 시야에서 사물을 바라볼 수 있습니다. 그 관점을 빌리면 됩니다. 제 유튜브 채널의 영상을 보는 것도 도움이 될 것입니다. 하지만 대부분의 사람들이 의외로 이렇게 간단한 것도 잘 하지 않습니다. 시야가 좁아지면 '상담한다', '검색한다'라는 생각조차 떠오르지 않기 때문입니다. **타인의 관점을 빌린다는 것을 다른 말로 하면 누군가에게 상담을 받고 검색을 한다는 뜻입니다.** 너무 쉬운 일이라고 생각할지 모르지만 실제로는 못하는 분들이 너무 많습니다.

전문가에게 물어본다

"제가 3점 슛이 잘 안 돼요. 슛 성공률을 높이고 싶어요."

농구부 고등학생 H의 이야기입니다. 그는 패스와 드리블은 잘하는데, 3점 슛이 잘 안 들어가서 경기에 선발되는 경우가 적다고 털어놨습니다. 그래서 그는 한 달 동안 매일 혼자 남아서 3점 슛 연습을 했습니다. 농구 교본도 구석구석 읽어보았습니다. 하지만 성공률이 도무지 오르지 않았습니다.

"어떻게 하면 좋을까요. 전혀 실력이 늘지 않아요."

이럴 때는 우선 혼자 연습하는 것, 혼자 고민하는 것을 그만두는 것이 좋습니다. 한 달 동안 매일 남아 연습을 했는데도 실력이 늘지 않았다는 것은 연습 방법이 잘못되었기 때문입니다.

그래서 결국 그는 코치에게 조언을 구했습니다.

"하체는 안정적인데 상체에는 드리블했던 힘이 남아 있어. 그러다 보니까 머리가 흔들리면서 공을 안정적으로 던질 수가 없는 거야."

코치는 이렇게 말하면서 자세를 고쳐주었는데, 그걸 의식하면서 공을 던졌더니 훨씬 더 잘 넣게 되었습니다. 혼자서 1주일, 혹은 한 달을 고민해도 해결되지 않던 문제가 이렇게 전문가나 프로의 의견을 듣고 순식간에 해결되는 경우는 종종 있습니다. **혼자서 노력하는 것은 미덕이 아니라 시간 낭비입니다.**

'○○라면 어떻게 했을까?'라고
질문해본다

와일더라면 어떻게 했을까?

미타니 고키_{영화 〈웰컴 미스터 맥도날드〉, 〈더 우쵸우텐 호텔〉로 유명한 인기 감독 및 각본}
_{가-옮긴이} 씨는 시나리오를 쓰다가 도저히 글이 안 풀릴 때면 머
릿속에 '와일더 감독이라면 어떻게 했을까?'라는 질문을 던
진다고 합니다. 영화 〈사브리나〉, 〈7년 만의 외출〉 등으로 유
명한 거장 빌리 와일더는 미타니 씨가 가장 존경하는 영화감
독입니다.

　시나리오를 쓰다가 벽에 부딪혔을 때, '와일더 감독이라면
어떻게 했을까?'라고 생각해보는 것. '와일더 감독이라면 설

정을 이렇게 하지 않았을 거야, 아마 다른 식으로 전개했을 거야', '와일더 감독이라면 이런 대사를 썼을 거야'라고 상상해보는 것. 이것이 그가 재미있는 시나리오를 쓸 수 있는 비결이라고 합니다.

참고로 와일더의 작업실에는 '루비치라면 어떻게 했을까?'라고 적힌 액자가 걸려 있었다고 합니다. 에른스트 루비치는 와일더에게 큰 영향을 미친 영화감독입니다. 미타니 씨도 와일더 감독의 행동을 벤치마킹했던 거죠.

이것이 바로 타인의 관점을 빌리는 것, 타인의 입장에서 사물을 보는 것, 완전히 타인이 되어보는 것입니다. **공상이나 망상이어도 좋습니다. 당신이 존경하거나 좋아하는 누군가가 되었다고 가정하고 생각해보세요.**

당신이 사업상 뭔가를 결정해야 하는 시점이라고 생각해봅시다. 이럴 때 '사카모토 료마^{일본을 중앙집권적 근대 국가로 만드는 데 기여한 인물-옮긴이}라면 어떻게 했을까?'라고 스스로에게 물어보는 식인 겁니다. 아마 사카모토 료마라면 바로 행동으로 옮겼겠죠.

타인의 관점이 되어보는 '빙의 토크'

> "실수를 해서 과장님한테 엄청 혼났다. 아 정말 짜증 나는 인간이다!"

꾸지람을 듣거나 엄하게 주의를 받으면 마음이 힘듭니다. 아마 머릿속은 상사에 대한 욕으로 가득 차 있기 때문에 '중립적인 관점에서 생각해보라'는 말을 들어도 소용없겠죠. 이럴 때는 '상사의 시선'으로 생각해보세요. 오늘 당신을 혼낸 과장님이 자기 자신이라고 생각해보는 겁니다. 그렇다면 당신의 부하 직원이 비슷한 실수를 했을 때 어떻게 하시겠습니까? 똑같이 엄하게 혼내지 않을까요? 당신은 얼마만큼 이성적이고 논리적으로 혼낼 수 있나요? 당신 스스로가 과장님이 되어서 자기 자신과 대화를 나눠보세요. 앞서 소개한 '납품일 문제'를 다시 예로 들어보겠습니다.

과장님 : "거래처 사람이 납품일을 잘못 들었다고 하던데, 서면으로 전달하는 게 규칙 아니었어요?"

나 : "맞습니다. 그런데 이번에는 그쪽에서 지금 당장 납품일을 알려달라고 윽박지르기에 그 자리에서 구두로만 전달했습

니다."

과장님 : "그럼 나중에라도 서면으로 전달했어야지."

나 : "맞습니다. 제 실수예요."

과장님 : "납품일과 관련해서 이메일 등에 기록이 남아 있는 게 없어요?"

나 : "아, 메일 보내놓은 게 있습니다. 8월 3일 메일에 '납품일, 9월 15일'이라고 적혀 있어요!"

과장님 : "그건 증거가 안 되죠. 메일을 보냈다고 해서 상대방이 반드시 읽는 것은 아니잖아요. 그 후에 납품일에 대해서 다시 확인 안 했나요?"

나 : "네. 메일을 보내놨으니까 전달이 됐을 거라고 생각했어요."

과장님 : "생각만 하면 안 되죠. 제대로 확인을 해야죠. 날짜나 시간은 잘못하면 큰 문제가 될 수 있습니다. 앞으로는 서면으로 꼭 남겨서 나중에 다른 말 나오지 않게 하세요."

자신이 관리자 입장이 되어서 스스로 대화를 해봅시다. 그러면 감정에 휘둘려서 사실관계가 모호했던 것이 깔끔하게 정리됩니다. 뭘 수정해야 할지도 명확해졌기 때문에 같은 실수를 반복하지 않도록 예방할 수도 있습니다.

상대방의 입장에서 생각해본다는 것은 너무나 흔한 말이지만 실제로 실천하기는 참 어렵습니다. 어렵기 때문에 일부러, 의도적으로 실천해보는 것이 정말 중요합니다. '내가 과장님(상사)이라면 어떻게 할까? 어떻게 말할까?'라고 생각해보세요. 영화 대본처럼 대사를 써보면 같은 사건을 다른 각도에서 검증해볼 수 있습니다. 상대방의 입장에서 생각하는 것. '빙의 토크'를 써보면 쉽게 관점을 바꿀 수 있습니다.

긴장이 될 때 어떡해야 할까?

"회의나 프레젠테이션 때 긴장이 돼서 말을 잘 못해요."

사람들 앞에서 말할 때 긴장하는 것은 매우 흔한 고민 중 하나입니다. 저도 "가바사와 씨는 많은 사람들 앞에서 강연할 때 긴장하지 않나요?"라는 질문을 자주 받습니다. 사실 저는 전혀 긴장하지 않습니다. 가장 많을 때는 1만 5000명 앞에서 90분 동안 강연을 한 적도 있는데, 그때도 마찬가지였습니다.

타인의 관점으로 바꾸는 질문

○○라면 어떻게 했을까?

와일더 감독이라면 어떻게 했을까?
타인의 행동, 사고 패턴을 시뮬레이션해본다

왜 ○○는 ××했을까?

왜 과장님은 그렇게 화를 냈을까?
상대방의 입장이 되어 감정을 상상해본다

만약 내가 그 입장이라면 어떻게 할까?

내가 과장님이라면 화를 냈을까? 안 냈을까?
그 상황을 상상해보고 중립적 입장에서 관찰한다

제가 강연을 할 때의 마음가짐과 대처법을 적어보겠습니다.

저는 먼저 강연장에 어떤 사람들이 왔는지를 관찰합니다. 한 사람 한 사람이 어떤 태도로 듣고 있는지, 메모를 하는지, 진지하게 듣는지, 지루해하지는 않는지, 집중력이 떨어지지는 않았는지, 주로 어떤 내용에 관심이 많은지, 눈빛에 변화는 없는지 등등을 관찰합니다. 그리고 가능한 한 많은 관객들의 눈을 맞추려고 노력합니다. 관객 한 사람 한 사람이 '나를 향해 이야기하고 있다'고 생각하게 만들기 위해서입니다. 강연을 진행하면서도 이 목적을 실행하기 위해 신경을 써야 하기 때문에 너무 할 일이 많아서 긴장할 틈이 없습니다.

사람들 앞에서 이야기할 때 긴장하는 사람은 자기 자신을 관찰합니다. 그래서 자신이 긴장했다는 사실을 알아차리게 되는 것입니다. 자신이 아닌 눈앞의 한 사람 한 사람을 관찰하면 마음가짐이 완전히 달라집니다.

많은 사람을 의식하면서 말하는 것은 상당히 힘들고, 집중력이 필요한 일입니다. 그러니 긴장했다는 생각을 할 겨를이 1초도 없습니다. 다시 말해, 저는 단상에서 강연을 하고 있지만 의식은 관객 한 명 한 명에게 빙의되어 있는 것과 같습니다. 관객들의 표정이나 눈빛을 보면서 재미있다, 흥미롭다,

지루하다, 재미없다 등등 다양한 감정에 몰입하다 보면 시간이 후딱 지나갑니다. 이것도 관점의 전환. '타인이 되어보기'라는 기술입니다.

이것이 가능해지면 관객과 하나가 될 수 있습니다. 이야기를 하는 동시에 자신도 관객이 되기 때문에 내용을 얼마든지 재미있게 조정할 수 있습니다. 최고의 퍼포먼스를 발휘할 수 있습니다. 강연이 서툰 사람은 자신의 시선으로만 이야기를 합니다. 관객의 반응을 신경 쓰지 않기 때문에 관객이 지루한 표정을 짓고 있어도 그저 준비한 원고를 읽을 뿐입니다. '내가 잘 하고 있나? 아, 실수했다, 내가 긴장을 했나? 아, 떨린다' 등 신경이 자기 자신에게만 가 있으면 결국 진흙탕에 빠지게 됩니다.

자신이 아니라 상대방을 관찰하는 것. 이것이 바로 말을 잘하는 비결이자 소통의 비결입니다. 하지만 타인의 입장, 상대방의 입장이 되어 생각하는 것은 쉽지 않습니다. 이럴 때는 자신에게 다음과 같은 질문을 던져보세요.

"상대방에게 나는 지금 어떻게 보일까?"

관객 중 한 명에게 자신의 의식을 옮겨보는 것입니다. 그러면 관객의 시선으로 자신의 모습이 보이기 시작합니다.

'아, 자세가 구부정하네. 거북목이 되어 있네.'

'아, 말이 조금 빨라졌네.'

'시계를 자꾸 쳐다보는 게 거슬리네.'

이렇게 고칠 점이 생각나면 하나하나 고치면 됩니다. 자신을 객관화할 수 있는 좋은 방법입니다.

상사의 머릿속을 들여다보는 방법

"상사가 무슨 생각을 하는지 모르겠어요."

"상사의 방식을 납득할 수 없어요."

이런 고민을 해소하고 싶은 사람에게는 무엇보다 독서를 추천합니다. 이 고민의 원인과 대처법을 5분 만에 이해할 수도 있기 때문입니다. 정말 필요한 몇 페이지만 읽는다고 치면 5분만으로도 충분히 이해할 수 있습니다. 단 5분의 독서만으로도 고민 해소의 실마리를 찾을 수 있는데 몇 달이나 고민을 하는 것은 시간과 에너지 낭비일 뿐입니다.

왜 독서가 고민 해결에 도움이 될까요? 그 이유는 다른 사람의 머릿속을 들여다볼 수 있기 때문입니다. **대인관계에 문제가 생기는 원인은 상대방이 무슨 생각을 하는지 모르기 때문입니다. 상대방의 생각을 알면 대책은 쉽게 세울 수 있습니다.** 책 속에는 상대방의 마음을 알 수 있는 길이 열려 있습니다. 특히 상사나 관리자의 사고방식을 다룬 책을 읽는다면 분명 손에 잡힐 듯이 이해가 될 것입니다. 이런 고민 사례를 들어볼게요.

"보고, 연락, 상담이 중요하다는 것은 저도 잘 압니다. 하지만 상황이 바뀌었을 때 보고하면 늦었다는 말을 듣고, 그전에 일일이 보고하면 시끄럽다는 말을 듣습니다. 어느 타이밍에 보고를 해야 할지 잘 모르겠어요."

이 고민 속 상사는 왜 화를 내는 걸까요? 그것은 포인트가 어긋났기 때문입니다. 부하 직원이 생각하는 '이렇게 하면 되겠지'와 상사의 '이렇게 해줬으면 좋겠다' 사이에는 괴리가 있습니다. 상사가 원하는 것을 부하가 이해하지 못하는 것이 바로 직장 내 인간관계가 틀어지는 이유 중 하나입니다.

당신은 매일 '이렇게 하면 되겠지'라는 생각 때문에 시행

착오를 겪고 있는 것인지도 모릅니다. 하지만 책만 몇 권 제대로 읽어도 그런 시행착오는 겪지 않게 됩니다.『상사가 당신에게 요구하는 심플한 50가지(あなたが上司から求められているシンプルな50のこと)』(하마다 히데히코, 실무교육출판)라는 책에서는 상사의 요구사항을 다음과 같이 정리했습니다.

1. 묻기 전에 상황을 알리기

2. 사실을 말하기

3. 자신을 주어로 말하기

4. 정직하게 말하기

5. 나쁜 보고는 더 빨리 하기

6. 중간 과정도 알리기

7. 요점을 정리해서 말하기

8. 결론부터 말하기

이 모든 것을 당연하게 할 수 있는 사람은 거의 없을 것입니다. 상황을 자신에게 유리하게 보고하거나 나쁜 소식은 미루려는 사람이 많습니다. 자신을 주어로 말한다는 것은 생각조차 해보지 않았을 것입니다.

상사와 커뮤니케이션이 안 돼 힘들다면 이런 주제의 책 몇 권을 우선 읽어보세요. 책의 내용이 항상 옳다고는 할 수 없지만, 관련된 책을 몇 권 **읽다 보면 생각의 기준과 업무 진행에 대한 지침이 조금씩 생겨납니다.**

미래의 나를 믿어본다

1. 반년 후의 자신의 모습을 믿어라

"해외 근무 제의를 받았지만 영어에 자신이 없어서 거절할 생각입니다."

6개월 후 뉴욕 지사 부임을 제안받은 J 씨. 뉴욕 지사는 출세 코스가 확실하지만, 책임이 무겁고 영어에 자신도 없어 고민 끝에 제안을 거절했습니다. 정말 안타까운 이야기입니다. 물론 영어를 잘 못해서 업무적으로 힘들어질 수는 있습니다. 하지만 부임하기까지는 아직 반년이라는 시간이 남아 있습니다. 그동안 필사적으로 영어 공부를 하면 됩니다. 매일 3시간씩 공부하면 단기간이라도 영어 실력을 확 끌어올릴 수 있습니다. 현재의 관점에서 생각하면 당연히 자신이 없겠죠. 실력이 부족한 게 사실이니까요. 하지만 전근까지는 반년이나 남았으니 그때까지 성장하고 실력을 늘리면 됩니다. 반년 후의 실력이 뉴욕에서 근무할 수 있는 수준이라면 아무런 문제가 없습니다. **지금은 약간 모자라도 괜찮습니다. 반년 후에 가능해지면 됩니다.** 반년 동안 노력해서 수준을 맞추면 됩니다. 반년 후의 자신을 믿어야 합니다.

마지막에 클리어하면 OK

"지금 성적으로는 지망하는 학교에 합격할 수 없어요."

대부분의 사람들이 지금 실력, 지금 내가 할 수 있는 일인지 아닌지를 기준으로 미래를 판단합니다. 하지만 인간은 끊임없이 성장하는 동물입니다. 학교 공부나 다른 학습, 스포츠 훈련이 모두 그렇습니다. 노력하면 조금씩이라도 성장하는 게 인간입니다. 시험이 내일이라면 지금 성적으로는 원하는 학교에 합격하지 못할 수도 있습니다. 하지만 시간이 있다면 만회가 가능합니다.

제 경험을 말해보겠습니다. 저는 고등학교 3학년 진로 상담 때 지금 성적으로 삿포로 의대는 포기하라는 말을 들었습니다. 제가 다니던 고등학교에서 삿포로 의대에 합격하기 위해서는 매번 전교 20등 안에는 들어야 했습니다. 제 성적은 매번 50등 안팎이었기 때문에 데이터상으로는 담임 선생님의 말이 맞았습니다.

하지만 저는 그래도 삿포로 의대 시험을 치겠다며 고집을 부렸습니다. 삿포로가 제 고향이기도 하고 좋아하는 작가인 와타나베 준이치 선생님이 삿포로 의대 출신이었기 때문에 꼭 들어가고 싶었습니다. 그래서 나름대로 노력은 했지만 안타깝게도 첫 시험에서는 불합격했습니다. 그때 저는 이렇게 생각했습니다.

'이대로는 안 되겠다. 1년 후에 합격하기 위해 지금 내가 할 수 있는 일은 뭘까?'

역으로 계산해보니 하루에 10시간 이상 공부하면 어떻게든 합격할 수 있을 것 같다는 예측이 나왔습니다. 그래서 '하루 10시간 공부'를 목표로 삼고 학원에 다니면서 매일 공부했습니다. 마음을 다잡고 1년 동안 하루도 빠짐없이 10~12시간을 공부했습니다. 삿포로 의대 2차 시험이 끝나고 답안지를 제출한 직후에 저는 확신했습니다.

'아, 합격했구나.'

2차 시험의 수학은 난해한 문제가 많았고, 영어는 시간이 부족할 정도로 긴 지문이 나오는데 못 푼 문제가 한 개도 없었습니다. 지금 생각해보면 '하루 10시간 이상 공부'를 하루도 빠짐없이 매일 계속했던 열아홉 살의 저를 칭찬해주고 싶습니다. '정말 잘도 버텼구나'라고요. 어떻게 그렇게 할 수 있었을까요? 그것은 바로 1년 후의 관점으로 사고할 수 있었기 때문입니다. 지금이 아니라 1년 후에 성적이 올라 삿포로 의대에 합격한 저 자신의 모습을 상상했기 때문이라는 거죠.

이렇게 미래 관점에서 자신을 한번 바라보세요. **지금은 불가능해도 1년 후에는 '할 수 있는' 상태가 될 수 있습니다. 미래의 나를 믿고 마지막에 이기면 됩니다.** 앞서 2장에서는 지금 이 순간에 집중하라고 말씀드렸지만 뭔가에 도전할 때는 약간 다릅니다. 이때는 미래의 관점에서 사물을 바라보고, 역산해서 지금 할 수 있는 일을 찾아볼 필요가 있습니다. 물론 미래에 무슨 일이 일어날지는 아무도 모릅니다. 하지만 예측

할 수는 있습니다.

미래 관점 × 지금 할 수 있는 일 = 미래

이 공식을 기억해보세요. 미래 관점으로 지금 할 수 있는 일을 쌓아가는 것. 그것이 바로 당신의 미래입니다. 이 공식대로라면 미래는 충분히 스스로 통제할 수 있습니다.

인간은 30분 안에도 성장할 수 있다

액션 영화나 무협 장르의 만화에는 종종 싸우면서 점점 강해지는 이야기 패턴이 나옵니다. 숙적과의 마지막 대결 장면. 한 번의 공격으로는 끄떡도 안 하는 상대방. 하지만 주인공은 아무리 쓰러져도 굴하지 않고 새로운 기술로 싸웁니다. 그리고 초반에는 생각지도 못했던 필살의 일격을 날려 마침내 상대를 쓰러뜨리게 됩니다. 만화에서는 몇 페이지나 차지하는 전투 장면도 실제 시간으로 따지면 고작 1분 정도일 것입니다. **단 30분이라도 최대한 집중하고, 고민하고, 시행착오를 반복한다면 분명 성장할 수 있습니다.** 이는 뇌 과학적으로도 증명된 사실입니다. 극도로 집중한 상태에서 스트레스가 심해지면 노르아드레날린이, 스트레스를 이겨내면 도파민이 분비됩니다. 이 두 물질에는 매우 높은 기억력 강화 효과가 있습니다. 쉽게 말해 뇌의 회로가 바뀌는 것으로, 30분 전에 비해 뇌가 성장했다는 뜻입니다. 뇌와 몸은 훈련하면 할수록 확실히 성장하기 때문에 지금 할 수 없는 일이라도 30분 후에는 할 수 있게 됩니다. 자전거를 못 타던 아이가 몇 번이나 넘어지며 연습을 하다가 30분 뒤에는 잘 타게 된다는 것을 우리는 이미 잘 알고 있습니다.

지금의 나는 하지 못해도 괜찮습니다. 어제 할 수 없었던 것을 오늘 할 수 있게 된다면 그것이 바로 성장입니다. 미래에 성장해 있는 나를 한번 믿어보세요. 일단 먼저 믿고 그러고 나서 성장을 위한 행동을 하면 됩니다. 아무것도 하지 않고 오늘 하루를 그냥 흘려보내면 우리 몸과 뇌는 계속 퇴화할 뿐입니다.

2. 시간을 내 편으로 만들기

아무것도 하지 않고 경과를 관찰해본다

"병원을 한 달이나 다녔는데 나아진 게 없어요. 약도 효과가 없고요. 이런 의사는 못 믿겠어요. 이제 다른 병원에 가봐야겠어요."

이런 말을 하면서 병원에 오지 않는 내담자들이 많습니다. 우울증에는 보통 항우울제를 처방하지만, 약이 효과를 발휘하기까지는 3개월 정도가 걸립니다. 내담자에게도 초진 때부터 알려두는 사실입니다. 즉, 한 달째 병원에 다니는데 증상이 조금도 나아지지 않는다는 것은 대부분의 내담자들이 겪는 일이고, 한 달 만에 눈에 띄게 좋아지는 경우가 더 드물다는 거죠. 항우울제의 치료 효과는 60~70%이기 때문에, 3개월만 묵묵히 다닌다면 3명 중 2명은 완치될 수 있습니다. 하지만 실제로는 2명 중 1명이 병원에 오지 않습니다. 그 내담자에게 딱 맞는 약을 처방해도 증상이 사라지는 데 3개월이라는 시간은 필수입니다. 그것을 내담자에게 알려줘도 절반은 기다리지 못합니다. 이 시간을 견디지 못해 우왕좌왕하다가 병을 더 키우는 경우도 많습니다.

예를 들어 실연으로 생긴 마음의 상처는 매우 고통스럽습니다. 하지만 대부분의 경우 시간이 지나면 치유됩니다. 하지만 실연을 당한 사람 중 상당수가 '감히 나를 차다니, 참을 수 없어', '바람을 피우다니 나쁜 놈!', '정말 그 인간은 최악이었어!'라고 몇 번이고 슬픔과 분노를 곱씹으면서 기억을 강화합니다. 이런 과도한 아웃풋만 자제해도 2~3개월이면 잊힐 실연의 상처가 1~2년 동안이나 지속됩니다. **마음의 상처가 아물 때까지는 조용히 기다리세요. 아무것도 하지 않고 경과를 관찰만 하면 됩니다.** 시간의 경과를 활용하는 것은 매우 효과적인 고민 대처법입니다.

"좀 더 지켜봅시다"는 무슨 뜻일까?

정신과뿐만 아니라 내과나 피부과 의사들은 "좀 더 지켜봅시다"라는 말을 자주 합니다. 그런데 이 말을 들은 내담자들은 아무것도 해주지 않는다며 실망합니다. 경과를 지켜보자는 말은 '(약을 처방하지 않아도 자연 치유될 테니) 경과를 지켜보자'는 의미입니다. 만약 상태가 나빠지면 내담자가 불평할 것이기 때문에, 자신의 판단에 자신감이 없다면 할 수 없는 말입니다. 즉, 확실히 경과를 지켜볼 수 있는 의사는 명의라는 증거입니다.

비단 내담자뿐만 아니라 경과를 지켜보는 것, 경과를 관찰하는 것은 많은 사람들이 어려워하는 일입니다. 불안하면 노르아드레날린이 분비되기 때문에, 아무것도 하지 않으면 불안이 더 심해집니다. 그래서 뭔가를 해야 직성이 풀립니다. 병원에서 진료를 받을 때는 의사의 말을 믿어야 합니다. 일을 할 때는 미래에 대한 자신의 촉을 믿어야 합니다. 팀원이나 부하 직원의 업무 처리를 믿는 것은 '경과를 지켜보는 것'과 같습니다.

예를 들어 회사에서 1년짜리 대형 프로젝트를 맡았는데 반년이 지나도 생각만큼 성과가 나오지 않을 때. 이럴 때는 팀원을 교체해야 할까요, 아니면 현재의 팀원을 믿고 계속 유지해야 할까요? 남은 시간이 반년밖에 없기 때문에 아주 특별한 경우를 제외하고는 팀원을 교체하고 새로운 멤버에게 인수인계나 교육을 할 시간이 없습니다. 이때는 필요할 때 지원하되 팀원들을 믿고 좀 더 지켜보는 게 좋습니다. **고민을 해소하는 데는 시간이 도움이 될 때가 많습니다.** 물론 해야 할 일을 제대로 한다는 전제하의 이야기지만, 우왕좌왕하거나 결정한 것을 수시로 변경하는 것은 많은 경우 마이너스로 작용합니다. 자기 자신의 성장 가능성을 믿고, 동료를 믿고, 시간을 믿어보세요. 그리고 기다리세요. 경과를 지켜보는 것은 매우 중요한 대처법입니다.

시간이라는 묘약

> "어머니가 돌아가셨습니다. 가슴에 구멍이 뚫린 듯한 느낌이 들어 아무것도 못하겠어요."

> "10년 넘게 같이 살던 반려동물이 무지개 다리를 건넜습니다. 그 충격에서 벗어날 수가 없어요."

소중한 사람이나 반려동물의 죽음으로 충격에서 벗어나지 못하는 경우도 매우 흔한 고민 중 하나입니다. 마음에 큰 상처가 남는 게 당연하고 한 달 정도로 회복할 수 있을 거라고는 생각하지 않습니다. 죽음의 충격이 오래가는 것은 지극히 당연한 심리 상태입니다. 하지만 몇 년이 지나고 나면 소중한 사람의 죽음도 마침내 받아들일 수 있게 됩니다. 시간이라는 긴 흐름이 지나면 고통이 사라지지는 않아도 고민은 줄어들 수 있습니다.

시간이 고민을 해결하는 이유

1. 생각 정리 – 차분히 생각하는 시간을 갖는다.

2. 감정 정리 – 감정이 정리된다.

3. 효과가 나타날 때까지의 기간 – 제자리걸음 상태를 극복한다.

4. 잊기 – 힘든 일도 시간이 지나면 희미해질 수 있다.

충격을 잠재우는 데 필요한 기간은?

일반적으로 죽음의 충격을 받아들이고 회복하는 데는 시간이 얼마나 필요할까요? 부양가족을 잃은 205명을 대상으로 심리 상태를 추적한 연구가 있습니다. 그 결과는 가족의 사망 후 6개월 후와 18개월 사이에는 높은 우울 증세를 보이지만, 18개월 이상이 지나면 우울증이 거의 사라진다는 것이었습니다.

소중한 사람의 죽음을 받아들이고 수용하는 데는 18개월, 즉 1년 반의 시간이 걸립니다. 마음의 상처를 치유하기 위해서는 이렇게 긴 시간이 필요합니다. 동시에 2~3년이 걸리는

시간은 많은 것을 해결해준다.
오늘 당신의 고민도
해결해줄 것임이 틀림없다.

_데일 카네기(자기계발의 아버지)

경우는 드물다는 것도 밝혀졌습니다.

간혹 반년이 지났는데도 받아들이지 못해 자책하는 사람이 있습니다. 하지만 상실을 경험한 후 18개월이 지나면 우울증이 거의 사라진다는 연구 결과(사실)를 보고 마음을 다잡을 수 있지 않을까요? 이는 비단 가족이나 반려동물의 죽음에만 국한된 것이 아니라, 매우 충격적인 사건을 받아들이는 기간으로 생각해도 좋습니다. 이처럼 당장 해소할 수는 없지만 시간이 지나면서 자연스럽게 해소되는 고민도 있습니다.

해결에 급급해 같은 내용을 반복적으로 언어화하면 기억이 강화되어 오히려 역효과가 날 수 있습니다. 시간이 지나면 수용에 다다릅니다. 받아들일 수 있게 됩니다. 서두르지 말고 시간이라는 묘약을 잘 활용해보는 것도 중요한 방법입니다.

3. 미래의 동료를 믿기

"큰 프로젝트의 리더 자리를 제안받았지만, 저한테는 무리예요."

사내에서 1년간 진행되는 10억 원 규모의 프로젝트 팀장

자리를 제안받은 J 씨. 팀장은 몇 번 해봤지만, 이렇게 큰 프로젝트는 처음이었습니다.

"자신이 없어요. 프로젝트에 실패해서 회사에 폐를 끼치면 어떡해요."

지금 실력으로는 분명 역부족이고 현실적인 판단일 수도 있습니다. 하지만 이 프로젝트는 1년짜리입니다. 1년 후 프로젝트가 끝날 때는 지금보다 훨씬 뛰어난 실력으로 프로젝트를 성공으로 이끌면 됩니다. 그런데 왜 미래의 나를 믿지 못하는 걸까요? 이 프로젝트는 혼자서만 하는 것도 아닙니다.

팀장으로서 팀원들을 잘 다독여 팀워크를 최상으로 만들면 됩니다. 팀원의 잠재력을 이끌어내는 것이 팀장의 역할입니다. 혼자서는 부족할 수도 있지만 동료의 힘을 빌리면 됩니다. 동료들의 힘을 합치면 어려운 프로젝트도 성공시킬 수 있습니다.

미래 관점을 갖는다는 것은 미래의 나를 믿는 것일 뿐 아니라 미래의 동료를 믿는 것이기도 합니다. **혼자서는 불가능해도 동료와 힘을 합치면 어떻게든 됩니다!**

미래 관점이 생기는 질문

제가 아무리 미래의 나를 믿어보자고 말해도 자존감이 낮은 사람은 실천하지 못할 수 있습니다. 그런 분들을 위해 미래 관점이 생기는 질문 한 가지를 소개합니다.

"(기간) 후에 (목적)을 달성하기 위해 지금 내가 해야 할 일은?"

응용해보면 이렇습니다. 1년 후, 미국 유학을 달성하기 위해 지금 내가 해야 할 일은? 1년 후, 새로운 프로젝트를 성공시키기 위해 지금 내가 해야 할 일은? 1주일 후 시험에 합격하기 위해 지금 내가 해야 할 일은? 20년 후. 은퇴하고 나서 편안하게 살기 위해 지금 내가 해야 할 일은? 여기서 기간 부분은 목적에 따라 1년, 6개월, 3개월, 1주일 등등 구체적으로 넣어보세요.

"지금 성적으로 Z대학에 합격하는 것은 절대 불가능해. 아, 어떡하지. 어떻게 하지?"

이렇게 고민할 때가 정체 상태입니다. 무엇을 해야 할지 몰라서, 앞으로 나아갈 수 없어서 스트레스를 받고 있는 거죠, 바로 이때 "반년 후 Z대학에 합격하기 위해 지금 내가 해야 할 일은?"이라고 스스로에게 물어보는 거예요.

- ▶ 하루에 10시간 공부한다.
- ▶ 우선 취약한 수학을 공략한다.
- ▶ 우선 기출문제 3년치를 풀어본다.
- ▶ 우선 문제집 5페이지를 풀어본다.
- ▶ 영어 단어를 하루에 10개씩 외운다.

이렇게 질문만 해도 지금 당장 할 수 있는 일들이 여러 개 떠오를 겁니다. 고민을 질문으로 바꾸기만 해도 해야 할 일들이 이렇게나 많이 생깁니다. 이제 그것을 하나씩 차근차근 해나가기만 하면 됩니다.

영어 실력은 1년 만에도 늘 수 있다

"해외 유학을 가고 싶지만 영어에 자신이 없어요."

저는 서른아홉 살에 미국 시카고의 일리노이 대학으로 유학을 떠났습니다. 준비 기간은 1년이었습니다. 저는 영어를 정말 못했습니다. 그래서 스스로에게 물었습니다.

"1년 후에 미국에 가서 영어 때문에 곤란하지 않으려면 지금 뭘 해야 할까?"

이 질문에 대한 대답은 하루에 3시간씩 영어 공부를 하는 것이었습니다. 그래서 1주일에 두 번씩 영어 학원을 다니며 외국인 선생님에게 일대일 수업을 받았습니다. 그리고 하루 3시간씩 영어 듣기 교재도 들었습니다. 이동 중에, 운전이나 식사 중에도 틈틈이 영어 음성을 틀어놓고 생활했습니다. 1년에 1000시간씩 들으면 듣기 실력이 비약적으로 향상된다는 듣기 마라톤이라는 게 있습니다. 그런데 600시간을 넘기자 이미 듣기 능력이 크게 향상되는 것에 놀랐습니다. 그렇다면 1년 후 유학 생활은 어땠을까요?

매주 열리는 부교수님과의 연구 회의, 실험 결과 토론 등에서 제가 생각했던 것 이상으로 말을 잘할 수 있었습니다. 적어도 전혀 대화가 안 돼서 곤란했던 적은 없었습니다. 영어 공부를 매일 3시간씩 1년 동안 계속한 것이 저에게는 상당한 자신감을 가져다주었습니다. **할 수 없다고 처음부터 포기하지 마세요. 반년 후, 1년 후부터 역산해서 지금 해야 할 일(to do)을 정하면 됩니다.**

지금은 못해도 마지막에 잘하면 됩니다. 미래의 관점에서 오늘 해야 할 일을 생각하고 행동하는 것이 습관화되면 매일매일 성장하는 나 자신을 느낄 수 있을 거예요.

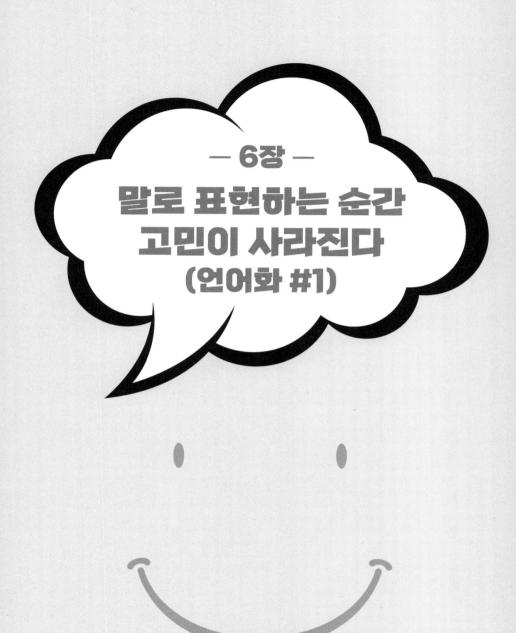

— 6장 —

말로 표현하는 순간
고민이 사라진다
(언어화 #1)

언어가 갖고 있는 놀라운 힘

말할 수 없다는 건 가장 큰 고통

답답한 마음을 말로 표현할 수 있으면 기분이 상쾌해집니다. 그와 반대로 마음이 너무 답답한데 누구에게도 털어놓을 수 없을 때는 엄청난 스트레스를 받습니다. 그것을 잘 보여주는 이야기가 바로 이솝 동화 〈임금님 귀는 당나귀 귀〉입니다.

어느 나라에 한 왕이 있었습니다. 왕은 항상 큰 모자를 푹 눌러쓰고 다녔습니다. 왕의 귀가 당나귀 귀였기 때문입니다. 그 비밀을 아는 사람은 오직 왕의 이발사뿐이었습니다.

왕이 반드시 비밀을 지키라고 명령했기 때문에 이발사는 누구에게도 말하지 못하고 비밀을 가슴속에 간직하고 있었습니다. 하지만 비밀을 계속 지키는 것은 고통스러운 일이었습니다. 그는 누군가에게 말하고 싶어 미칠 지경이 되었습니다. 참다못한 이발사는 우물에 대고 "임금 님 귀는 당나귀 귀!"라고 외칩니다. 그러자 그 목소리는 우물을 타고 온 마을에 퍼지고 말았습니다.

말할 수 없는 일, 말하지 못한 일. 이런 일들이 마음속에 쌓이기만 하면 엄청난 스트레스를 받고 질병으로도 이어집니다. 이런 현상을 역으로 생각해보면 말을 잘 하기만 해도 스트레스를 받지 않을 수 있다는 말이 됩니다. 이것이 바로 '언어화'입니다.

언어화, 침몰선을 수면 위로 끌어올리는 작업

심리상담 분야에서는 '언어화'라는 말을 자주 씁니다. 유소년기에 겪은 트라우마가 될 만한 사건을 자신의 언어로 말할 수 있게 되면, 그 순간 트라우마는 해소된다고 합니다. 괴로운 경험은 심리적인 압박이 강하면 말로 표현하기 어렵습니다. 만약 말로 잘 표현할 수만 있다면 그것은 속박에서 벗어났다는 것을 의미합니다.

심리상담의 첫 번째 목표가 바로 '언어화'입니다. 말로 하기만 해도 '무의식'이 '의식'으로 바뀌기 때문입니다. 생각의 95%는 무의식으로 처리된다고 합니다. 그 무의식 아래에 있는 부정적인 생각이나 감정은 표면에 드러나지 않기 때문에 해소하고 싶어도 할 수가 없습니다. 언어화란 이렇게 무의식 깊은 곳, 예를 들어 바닷속 깊은 곳에 잠겨 있는 침몰선을 수면 위로 끌어올리는 작업과 같습니다. 육지 위로 끌어와 안을 들여다보면 뭐가 문제였는지를 상세히 조사할 수 있습니다. 그저 막연했던 일도 언어화를 하게 되면 객관적이고 구체적으로 파악할 수 있게 되고 어떻게 처리해야 할지도 알 수 있습니다.

왜 힘든지를 모르겠다던 내담자가 "다른 사람들 앞에 나서는 것이 저한테는 특히 괴로워요"라고 언어화할 수 있게 된다면, 그것은 엄청난 발전이라고 할 수 있습니다. 사람들 앞에 나서지 않으면 괴로울 일도 없어진다는 대책을 스스로 깨달을 수 있기 때문입니다. 또는 사람들 앞에 나섰을 때 느끼

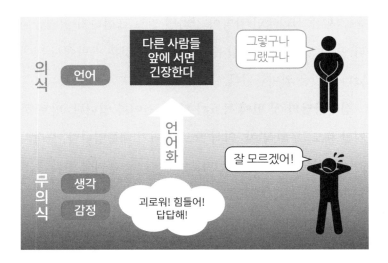

언어화로 '무의식'이 '의식'으로 바뀐다

는 긴장감에 조금씩 익숙해지기로 결심할 수도 있습니다. 막연했던 고민을 언어화할 수 있게 되면 스스로 분석할 수 있게 됩니다. 나아가 스스로 해결법을 찾아내는 사람도 많을 것입니다.

쓰고 말하면
뇌가 가벼워진다

왜 고민은 계속 맴돌까?

고민하는 사람의 머릿속은 혼란스럽습니다. 이들은 계속 고민을 곱씹으면서 스트레스를 받습니다. '아, 어떡하지?', '왜 이런 일이 생겼을까?', '어떻게 해야 할까?'.

이렇게 똑같은 고민이 머릿속을 빙빙 돌다가 사라집니다. 이것이 밤낮을 가리지 않고 반복됩니다. 왜 이런 일이 일어나는 걸까요? 그것은 뇌의 작업 영역이 너무 좁기 때문입니다. **우리 뇌가 동시에 처리할 수 있는 정보는 3개까지라고 합니다.** 즉, 머릿속에 3개의 그릇이 있다고 생각하면 이해하기 쉽

습니다. 그릇 한 개에 들어 있는 정보를 우선 처리해야 그만
큼 여유 공간이 생겨서 다음 정보를 처리할 수 있습니다. 이
런 뇌의 작업 영역을 '작업 기억'이라고 합니다. 예를 들어,
아는 사람에게 연락처를 물어보고 전화번호를 들었다고 가
정해봅시다.

070-5931-××××

당신은 이 번호를 기억하고 스마트폰에 입력할 수 있습니
다. 그렇다면 신용카드 번호는 어떨까요?

5378-6911-7329-××××

아마 많은 사람이 다시 한 번 되묻겠죠. 이 차이를 아시겠
어요? 우리 뇌는 숫자를 덩어리로 기억합니다. 전화번호는
3개, 신용카드는 4개의 덩어리로 이루어져 있습니다. 덩어리
가 하나만 더 늘어나도 한꺼번에 기억하지 못하는 이유는 뇌
속에 그릇이 3개밖에 없기 때문입니다. 즉 4개가 되면 용량을
초과해서 뇌가 마비됩니다.

뇌의 피로 때문에 그릇이 줄어든다

그런데 소위 머리가 좋은 사람, 정확히 말하면 작업 기억력이 좋은 사람, 머리 회전이 빠른 사람은 그릇이 4개라고 합니다. 이런 사람과는 상반되게 고민이 많은 사람의 뇌에서는 정반대의 일이 일어납니다. **바로 불안, 긴장으로 뇌 피로도가 심해서 작업 기억이 줄어드는 것입니다.**

매일 '힘들다, 괴롭다'는 고민이 쌓이면 뇌가 피로해져서 뇌 안의 그릇이 2개 또는 1개로 줄어듭니다. 그렇게 되면 아무리 애를 써도 좋은 생각이 떠오르지 않습니다. 머리 회전이 느려지고 마치 머릿속에 뿌옇게 안개가 낀 것처럼 흐릿한 상태가 됩니다.

> 왜 이렇게 힘들고 괴로운 걸까? → 일이 바빠서 → 왜 일이 바쁠까? →
> 마감 3건이 겹쳐서? → 그럼 어떡하지? → 아, 아……

이렇게 고민이 꼬리에 꼬리를 물고 계속 이어지면서 작업 기억이 꽉 차면 더 이상 생각을 진전시킬 수 없게 됩니다. 그러다가 다시 '왜 이렇게 힘들고 괴로운 걸까?'라는 첫 번째

질문으로 돌아갑니다. 이렇게 계속 고민이 꼬리에 꼬리를 물고 빙빙 도는 상태가 됩니다. 고민의 3가지 특징 중 세 번째는 '정체·정지'입니다. 이것은 뇌의 작업 영역이 극히 좁아져서 생기는 현상입니다. 계속 머릿속으로 생각만 하면 누구나 빙빙 도는 상태가 되어 대처법이나 좋은 생각이 떠오르지 않습니다. 그러므로 이렇게 빙빙 도는 상태에서 벗어날 수만 있다면 고민의 90%는 해소한 것이나 다름없습니다.

머리로 고민하지 마라! 손으로 고민해라!

그렇다면 어떻게 해야 계속 맴도는 고민에서 벗어날 수 있을까요? 그 해결법이 바로 '언어화'입니다. 고민이 있을 때는 그것을 노트에 써보면서 다음 단계로 나아갈 수 있습니다. 일단 노트에 하나하나 기록하다 보면 나의 상황을 냉정하게 분석할 수 있고, 대처법도 스스로 깨닫게 됩니다. 뇌에는 3개의 그릇밖에 없습니다. 따라서 지금 고민거리가 3가지라면 뇌가 꽉 차서 더 이상 여유를 갖고 생각할 수가 없게 됩니다. 이미 작업 기억 용량이 꽉 찼기 때문에 다른 생각을 할 빈틈이 없는 거죠. 이렇듯 고민이 많을 때 쉽게 해결할 수 없는 것은 당신의 능력이 부족해서가 아니라 '뇌 구조' 때문입니다. 쓰기와 말하기라는 언어화 작업은 꽉 차 있는 뇌의 메모리를 덜어주는 역할을 합니다. 그래서 충분히 쓰고 말할 수 있게 되면 뇌가 가벼워지고, 훨씬 더 차분하고 냉정한 사고를 할 수 있게 됩니다.

왜 이렇게 힘들고 괴로운 걸까? —→ 일이 바빠서

왜 일이 바쁠까? —→ 마감 3건이 겹쳐서?

그럼 어떡하지?

가장 급한 마감은? —→ 2주 후 A사 건

가장 먼 마감은? —→ 2개월 후 C사 건

그럼 우선 A사 건을 최우선으로 진행해보자

그런데 왜 A사 건 진행이 잘 안 되고 있지?

입사 3년차인 T 씨의 진행이 느려서 그래.

　　　T 씨한테는 좀 벅찬 일인가?

그렇다면 대처법은?

베테랑 E 씨에게 T 씨를 도와주라고 하자!

고민을 노트에 손으로 직접 써본다

'외화(外化)'로 기분이 상쾌해진다

메타인지 과학에서는 '외화(外化)'라는 용어를 사용합니다. 외화란 문장이나 도형 등 머릿속에 있는 생각을 바깥으로 꺼내는 것을 말합니다. 외화가 이루어지면 객관적으로 볼 수 있고 타인과 공유할 수 있으며 보존도 가능해지는(잊지 않는) 등 장점이 많습니다. 컴퓨터 하드디스크의 남은 용량이 줄어들면 아무리 고성능의 컴퓨터라도 처리 속도가 현저히 느려져 작업을 하는 데 불편을 겪습니다. 그럴 때는 외장 하드나 클라우드로 데이터를 옮겨 컴퓨터의 여유 공간을 늘려야 합니다. 그러면 컴퓨터의 처리 속도가 원래대로 돌아옵니다. 이 방식을 그대로 뇌에 적용한 것이 바로 외화입니다. 요즘은 뇌를 혹사시키는 사람이 많습니다.

TO DO 리스트를 쓰는 것, 다이어리에 스케줄을 쓰는 것도 외화입니다. 생각난 것을 우선 메모하는 것도 외화입니다. 외화를 하면 할수록 뇌는 가벼워지고 기분은 상쾌해집니다.

언어화의 장점

1. 고민의 가시화 – 시각화, 취급 가능, 자기객관화 가능

2. 정리가 된다 – 분석, 스스로 해결 가능, '어떡해야 좋을지 모르는'
    상태에서 벗어나기

3. 외화(外化) – 뇌가 가벼워진다, 작업 기억의 해방

4. 가스 빼기 – 마음이 가벼워진다, 스트레스 해소

5. 공유 가능, 전달하기 – 소통, 공감을 통한 치유

6. 행동화 – 행동 촉진, 말을 바꾸면 행동이 바뀐다

언어화와 아웃풋

이쯤에서 언어화와 아웃풋이 매우 비슷하다고 생각했다면 당신은 꽤 예리한 사람입니다. 그렇다면 언어화와 아웃풋의 차이점은 무엇일까요?

저의 졸저 『아웃풋 트레이닝』(토마토 출판사, 2019)에서는 아웃풋이란 말하기, 쓰기, 행동하기 이상 세 가지라고 정의한 바 있습니다. 언어화란 자신의 생각을 말하기와 쓰기를 통해 언어로 전달하는 것입니다. 즉, **아웃풋의 한 측면이 '언어화'**라고 할 수 있습니다.

이 책에서는 아웃풋을 언어화와 행동화로 나누었습니다.

6장과 7장에서는 언어화를, 8장에서는 행동화를 설명하겠습니다. 언어화는 행동을 촉진합니다. 언어화와 행동화를 구분해야 언어화에서 행동화로 한 단계 성장하는 것의 중요성이 명확해지기 때문에 꼭 그 점을 의식하면서 읽어주세요.

아웃풋은 매우 포괄적이고 광범위한 개념입니다. 사용하기 쉬운 반면 약간 모호한 부분도 있습니다. 이 책에서는 언어화와 행동화를 나눠서 설명하겠습니다. 그래야 더 쉽게 행동으로 옮길 수 있거든요.

언어화라는 표현은 '화(化)'라는 단어가 말해주듯이 '말로 표현한다'는 부분을 강조합니다. 즉, **'말로 만드는 과정'이 중요**하다는 뜻입니다. 그냥 막연한 말하기, 쓰기가 아니라 머릿속에 있는 고민과 괴로움, 답답함을 말로 표현하고 내뱉는 것. **생각이 말이 되는 것, 생각을 말로 하는 것이 언어화입니다. 이로 인해 고민이 해소되고 치유가 이루어집니다.** 여러분도 꼭 '말로 하는 것(언어화)'을 의식했으면 합니다. 말로 표현하면 고민의 90%는 해소됩니다. 그리고 말로 표현하면 치유됩니다.

누군가가 이해해주면
마음이 가벼워진다

말하지 않으면 모른다

처음 정신과를 방문한 내담자들은 보통 "힘들어요, 어떻게 좀 해주세요"를 연발합니다. 어떤 점이 힘드냐고 물으면 "그 냥 힘들어요!"라고 대답합니다. "구체적으로 어떤 게 힘든가 요?"라고 물어도 "그냥 힘들어요! 어떤 게 힘드냐니, 그걸 어떻게 알아요!"라고 합니다. 너무 힘든 사람은 그저 '힘들다, 괴롭다'고만 할 뿐 '어떤 게 힘든지, 어떤 점이 괴로운지, 왜 힘든지'를 잘 설명하지 못합니다. 만약 내담자가 자신의 증상을 전혀 설명할 수 없다면(언어화할 수 없다면), 의사가 정확하게 진단을 내리고 효과적인 약을 처방하기도 어렵습니다.

그래서 정신과 의사들은 이런 질문을 많이 합니다.

"요즘 잠은 잘 주무세요?", "식욕은 어떠세요?", "짜증 나는 일이 있었나요?", "일이 많이 바쁘셨나요?", "직장에서 인간관계는 어떠신가요?"

이런 질문을 통해 구체적으로 어떻게 힘들고 괴로운 상태인지를 파악합니다. 당신의 머릿속에 있는 생각은 타인이 읽을 수 없습니다. 그 생각을 **외화해야 비로소 타인과 공유할 수 있게 됩니다.**

내담자의 머릿속에 있던 막연한 고통도 의사에게 제대로 설명할 수 있게만 되어도 어느 정도 해결이 됩니다. 제대로 된 공감을 받게 되면 마음이 훨씬 더 편안해지기 때문이죠. 또 언어화를 하고 자신의 상황에 대해 설명을 잘하게 되면 해결의 단서도 많아집니다. 단서가 많으면 많을수록 진범을 잡을 확률이 높아지듯, 정확한 약과 대처법이 나올 확률도 높아지는 건 당연하겠죠. 나의 상태를 정확하게 말로 표현하는 것은 이렇게 중요합니다.

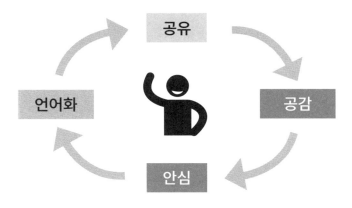

언어화로 인한 긍정 연쇄 반응

언어화하지 않으면

언어화만 잘해도 독이 빠진다?!

> "시부모님과 함께 사는 게 정신적으로 힘들어요. 시어머니가 사사건
> 건 간섭해서 못 견디겠어요."

34세의 주부 M 씨. 시어머니와 함께 살게 되면서 정신적으로 힘들어지고 가벼운 우울증 상태가 되어 병원에 찾아왔습니다. 시어머니가 자신을 초등학생 다루듯 사사건건 이래라저래라 일을 지시해서 너무 힘들다고 말했습니다. 그녀는 1시간 동안 내내 "시어머니가 저를 본인 맘대로 조종하려고 하는 걸 더 이상 참을 수가 없어요. 남편도 제 말을 안 들어주니까 너무 답답해요"라는 내용의 불만을 쏟아냈습니다. 저는 그녀의 말을 들으면서 계속 "정말 힘드시겠어요"라고 공감해 주었습니다.

처음에는 표정이 너무 침울해서 우울증으로 보였는데, 진료가 끝날 무렵에는 마치 독이 빠져나간 것처럼 표정이 밝아진 그녀는 웃으면서 진료실을 나갔습니다. 단 1시간 만에 우울했던 표정이 미소로 바뀐 것입니다. 시어머니의 강압적인 성격과 태도, 행동은 그대로인데 M 씨의 불안감은 상당 부분

사라진 것처럼 보였습니다. 그 이유는 뭘까요? M 씨는 강압적인 시어머니 때문에 고민을 상담했지만 진짜 고민은 그게 아니었기 때문입니다.

'시어머니와 함께 사는 게 너무 힘든데 아무도 내 마음을 이해해주지 않는다. 마음을 털어놓을 사람도 딱히 없고 계속 참기만 하니까 너무 괴롭다.'

이것이 M 씨의 진짜 고민이었던 것입니다. 물론 시어머니의 성격이나 태도가 바뀌면 더할 나위 없이 좋을 겁니다. 그런데 다른 사람을 내가 바꿀 수 있을까요? 더군다나 60년 넘게 산 시어머니의 성격은 내가 통제할 수 있는 범위 밖에 있습니다. 그 점을 목표로 삼는다면 통제율은 0%일 수밖에 없습니다. 해소할 수 없는 고민이기 때문에 고통은 그저 커질 뿐입니다.

하지만 누군가에게 털어놓을 수 없는 게 고민이라면 어떨까요? 그 고민은 누군가에게 상담하는 순간 사라집니다. 통제율 100%의 고민이 되는 것입니다.

남에게 털어놓을 수 없다. 누구와도 상담할 수 없다. 계속 혼자서 참았다. 나는 너무 힘든데 아무도 이해해주지 않는다. **만약 이런 고독한 환경에 처해 있다면 괴로움과 고통이 몇 배**

로 커집니다.

마음속에 들어 있는 고통을 말로 표현하면, 즉 '언어화'하면 몸 안의 가스가 빠져나가듯 시원해집니다. 이것이 언어화의 가장 큰 효과인 마음이 가벼워진다는 것입니다. 너무 힘들고 전혀 대책이 없는 것 같은 고민도 막상 알고 보면 털어놓을 사람이 없어서 힘든 경우가 정말 많습니다.

말을 하기만 해도 치유가 되는 이유

왜 공감을 받으면 안심하게 되고 마음이 가벼워지는 걸까요? 그렇게 되면 이제 그 고민은 그대로 해소가 된 걸까요? 친한 친구와 카페에서 1시간 수다를 떨고 나면 기분이 좋아집니다. 이럴 때 분비되는 것이 바로 사랑과 연결된 호르몬 옥시토신입니다.

옥시토신은 '행복 물질'이라고도 불리며 다른 사람과의 교류를 통해 즐겁다, 행복하다, 치유된다고 느낄 때 분비됩니다.

엄마가 아기를 안고 있을 때나 연인과 포옹할 때 등 스킨십을 할 때도 옥시토신이 대량으로 분비됩니다. 게다가 최근 연구에서는 대화나 아이컨택만으로도 옥시토신이 나온다는 것이 밝혀졌습니다. 서로 마음이 통했다고 느낀 순간, 즉 '공감'이 생겨났을 때 옥시토신이 분비되면서 사람은 행복을 느낍니다.

옥시토신은 면역력을 높이고 세포 재생을 촉진합니다. 또한 스트레스를 해소하고 심신의 긴장과 불안을 풀어주는 치유 효과도 있습니다. 옥시토신이 분비되면 여러 부정적인 감정이 줄어든다는 사실은 수많은 연구를 통해 증명된 사실입니다.

옥시토신의 주요 효과

1. 스트레스 해소 효과
   — 스트레스 호르몬인 코르티솔이 줄어든다.

2. 릴랙스 효과
   — 부교감신경을 활성화시켜 혈압이나 심박수가 저하된다.

3. 불안 감소 효과
   — 편도체가 흥분하여 위험 경보를 울리는 상태에서도 옥시토신은 그 불안과 흥분을 가라앉히는 역할을 한다.

대화, 커뮤니케이션, 상담, 가스 빼기, 심리상담

옥시토신

편도체 진정   스트레스 호르몬↓
부교감 신경↑

치유

옥시토신이 분비되면 치유된다

옥시토신의 효과

4. 항우울 효과

　— 옥시토신이 충분히 분비되면 '우울'을 예방한다. 우울감이 강한

　사람은 옥시토신 분비량이 적다는 사실이 밝혀졌다.

5. 스트레스로부터 뇌를 지키는 효과

　— 해마를 공격하는 코르티솔의 분비를 억제하기 때문에 그 결과

　스트레스로부터 뇌를 지키는 역할을 한다.

'공감'이 옥시토신을 분비시켜 치유된다

옥시토신은 말을 하기만 해도 분비된다고 했는데 조건이 또 하나 있습니다. 싫어하는 사람과는 수다를 떨어도 즐겁거나 행복, 치유된다는 느낌은 들지 않습니다. 오히려 긴장되고 피곤해서 스트레스를 받을 뿐입니다.

옥시토신은 사랑 호르몬이기 때문에 **믿음이 있는 인간관계, 안정감이 있는 관계 안에서 많이 분비됩니다.**

적대적인 관계에 있는 사람과 대화를 나누면 옥시토신이 아니라 코르티솔(스트레스), 아드레날린(분노), 노르아드레날린(불안) 등 전투적인 호르몬이 많이 분비되기 때문에 부정적인 감정이 늘어납니다. 앞서 소개한 시어머니 문제로 고민하던 M 씨도 만약 상담사에 대한 신뢰가 없었다면 옥시토신은 분비되지 않았을 것이고 상담이 끝난 후 웃을 수도 없었을 겁니다. 상담사에 대한 신뢰감이 클수록 상담의 효과는 더 빨리, 더 크게 나타납니다.

나와 똑같은 괴로움을 겪는 사람이 있다는 것

혹시 전설적인 아티스트 엘튼 존의 인생을 다룬 영화 〈로켓맨〉을 본 적이 있나요? 저는 영화의 초반, 마약 중독자들이 집단 치료를 받는 장면이 인상적이었습니다. 고민이 비슷한 사람들이 모여서 공감을 통해 고통을 치유하는 대표적인 예가 바로 알코올 중독, 약물 중독자들의 모임입니다.

참가자들은 보통 원을 그리고 앉아서 차례대로 과거의 경험이나 최근 있었던 일, 고민 등을 이야기합니다. 이야기하고 싶지 않으면 하지 않아도 됩니다. 저도 내담자들에게 이런 모임에 나가보라고 권유하는 경우가 있는데, 처음에는 대부분이 거부합니다. 그런다고 좋아질 리가 없다고들 말합니다. 하지만 단 한 번이라도 참관한 이후에는 태도가 확 바뀝니다.

'술 때문에 직장과 가족을 잃고 간과 췌장까지 망가져서 건강까지 잃었다. 그런데 나와 똑같은 경험을 한 사람이 또 있구나…….'

자신과 똑같은 고통을 겪은 사람들과 비슷한 경험을 나누다 보면 어느새 마음이 편안해집니다. 이는 중독 혹은 정신질환을 앓고 있는 모든 사람들에게 공통적으로 적용되는 말입니다.

'왜 나만 이렇게 심한 병에 걸렸을까?', '왜 나만 이렇게 운이 나쁠까?'라고 자책하면 더욱 우울해질 뿐입니다.

'나랑 똑같은 증세로 고통받고 있는 사람들이 이렇게 많구나!'

이런 생각을 하게 되면 불안이 안도감으로 바뀌고, 오랜 기간 쌓여 있던 답답함도 약간은 해소됩니다. 실제로 용기를 내어 자신의 경험을 이야기하면 다른 참가자들도 "저도 그랬어요", "저도 마찬가지예요"라고 공감해줍니다. 그러면 나만 그런 게 아니었다는 느낌이 더욱 강해집니다. 이러한 집단 치료 방식은 '언어화'라는 치유 메커니즘을 그대로 활용한 것입니다.

고민을 언어화해서 표현하는 것. 그리고 같은 경험을 한 사람들에게 공감받는 것. 단지 이것만 해도 사람의 마음은 어느 정도 치유됩니다.

여성 모임의 치유 효과

집단 치료 같은 것은 자신과는 상관없는 이야기라고 생각하는 사람이 많겠지만, 사실은 그렇지 않습니다. 예를 들어 육아하는 엄마들의 모임은 아주 평범해 보여도 거의 집단 치료와 같은 효과를 주기 때문입니다.

"6개월 된 딸아이가 밤에 너무 심하게 울어서 잠을 한숨도 못 자요. 이대로 가다가는 수면 부족으로 쓰러질 것 같아요."

"저희 아이는 9개월인데 남편이 아예 신경도 안 써서 저 혼자 너무 힘들어요."

"우리 아이도 밤에 우는 게 심했는데 1살이 지나면서 거의 없어졌어요. 조금만 더 버텨보세요."

이렇게 서로 고민을 이야기하면 "나도 그래요"라는 공감의 말이 돌아옵니다. 그러면 '다들 똑같구나', '다른 집도 그렇구나'라면서 안도하게 됩니다. 이것이 바로 고민의 공유를 통한 공감 얻기입니다. 여성들이 모임을 통해 스트레스를 해소할 수 있는 것도 고민을 언어화해서 공감대를 형성할 수 있기 때문입니다. 이것이 바로 '언어화'라는 치유 메커니즘입니다.

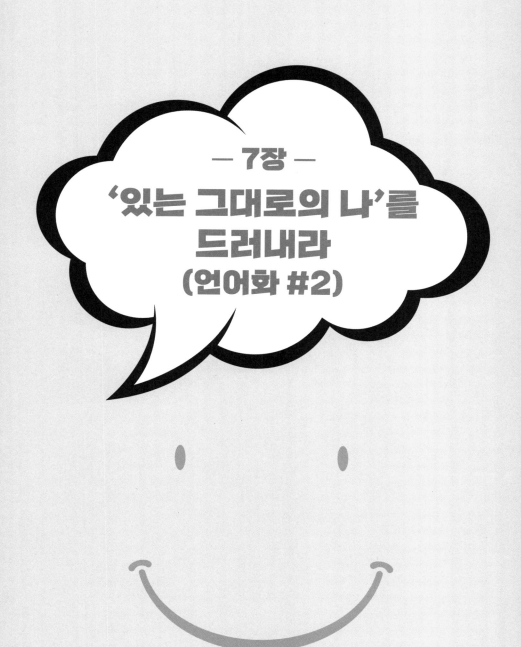

— 7장 —
'있는 그대로의 나'를
드러내라
(언어화 #2)

내 이야기를 털어놓는 것이
왜 이렇게 힘들까?

상담하지 못하는 사람이 70%

"다른 사람에게 제 이야기를 잘 못 하겠어요."

정신과 의사로서 아무리 '다른 사람에게 고민을 말해도 된다', '상담해도 된다'고 조언해줘도 그러지 못하는 사람이 많습니다. 트위터에서 다음과 같은 조사를 해봤습니다.

'당신은 힘든 일이 있을 때 다른 사람에게 상담 요청을 하나요?'

'(바로) 상담 요청한다'고 답한 사람은 28.8%. '(별로) 상담

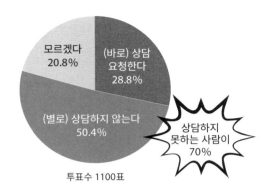

모르겠다
20.8%

(바로) 상담
요청한다
28.8%

(별로) 상담하지 않는다
50.4%

상담하지
못하는 사람이
70%

투표수 1100표

당신은 힘든 일이 있을 때 다른 사람에게 털어놓나요?

하지 않는다'와 '잘 모르겠다'가 약 70%였습니다. 바로 상담해서 고민을 해결하고 앞으로 나아가는 30%. 고민이 있어도 남에게 상담하지 못하고 점점 더 스트레스를 받고 괴로워하는 70%. 당신은 어느 쪽인가요? 누군가와 상담한다는 것은 타인의 관점을 빌리는 것입니다. 당신이 능력이 있냐, 없냐는 별개의 문제입니다.

어디가 아픈지 왜 말하지 못할까?

"담당 의사 선생님께 제 이야기를 할 수가 없어요. 우울증 치료 중인데 항우울제를 복용하니 3일 만에 메스꺼움 증상이 심하게 나타났습니다. 이것은 부작용인가요?"

제게는 이런 질문이 매일같이 들어오는데 제 대답은 간단합니다.

"담당 의사 선생님께 물어보세요."

언뜻 보면 냉정한 답변처럼 들리겠지만, 당연히 담당 의사 선생님의 의견을 듣는 것이 가장 좋은 방법일 수밖에 없습니다. 담당 의사와 상담하면 부작용인지 아닌지 바로 정확하게 알려줄 것입니다. 때로는 부작용인지 병의 증상인지 구분할 수 없는 경우도 있습니다. 하지만 수백, 수천 명의 내담자를 진료한 담당 의사의 판단이 일반인인 당신의 생각보다 정확할 확률은 훨씬 높습니다.

약의 부작용에 대한 일반적인 정보를 알려줄 의사는 있겠지만 당신을 실제로 진찰하고 있는 담당 의사보다 더 정확한 이야기를 해줄 사람은 없습니다. 담당 의사에게 상담받으면 금방 해결되는 문제를 혼자서 며칠, 몇 주 동안 끙끙 앓으며 고민해봤자 아무런 도움이 되지 않습니다. 유튜브 라이브를 통해 이런 이야기를 하면 '담당 의사 선생님이 너무 바빠서 질문할 시간이 없다', '의사 선생님이 너무 무서워서 질문을 못 하겠다'는 내용의 댓글이 채팅창에 많이 올라옵니다.

저는 이것을 '**상담불가 증후군**'이라고 부릅니다. 고민이 있는 사람이 소심해서 혹은 의사가 정말로 무뚝뚝하고 무서운 사람이어서 그런 것이 아닙니다. 많은 사람들에게 일상적으로 반복해서 일어나는 현상입니다. 어느 한쪽의 잘못이 아닙니다. 어디서든 누구에게나 아주 흔하게 일어나는 현상입니다.

너무나 당연한 말이지만 아파서 병원에 찾아간 사람들을 도와주는 것이 담당 의사의 역할입니다. 당신이 병과 약, 미래에 대한 불안감 때문에 자신의 상태를 의사에게 이야기하지 못한다면 병은 결코 고칠 수 없습니다. 당신의 상태가 병을 치료하는 데 필수적인 정보이기 때문입니다. 이런 당연한 사실을 잘 알면서도 의사에게 제대로 이야기를 하지 않아서 잘 낫지 않는 분들이 너무 많습니다.

혹시 나도 '상담불가 증후군'일까?

"상사에게 상담 요청을 할 수가 없어요."

상담불가 증후군은 병원뿐 아니라 회사에도 많습니다.

"직장 내 ○○ 때문에 고민입니다. 어떻게 하면 좋을까요?", "업무상 ○○ 때문에 ▲▲ 문제로 발전할 것 같은데요, 어떻게 하면 좋을까요?", "부하 직원의 ○○ 때문에 고민입니다. 어떻게 하면 좋을까요?"

이런 고민이 있다면 상사에게 물어보세요. 그래서 상사가 존재하는 것입니다. 설령 이야기를 한다고 해서 해결이 불가능하더라도 문제를 미리 알리는 건 나쁠 게 없습니다. 정보 공유는 중요합니다. 정보 공유를 하지 않아서 나중에 더 큰 문제로 발전한 경우, 왜 사전에 보고하지 않았냐는 비난을 받는 것은 당신입니다.

유튜브 라이브를 통해 이런 이야기를 하면 '상사는 항상 바쁘기 때문에 그런 말을 꺼낼 분위기가 아니다', '예전에 상담했더니 그런 건 알아서 하라는 말을 들었다' 등등의 댓글들이 올라옵니다. 하지만 실제로 상사에게 이야기하면 의외로 순식간에 해결되는 경우가 더 많습니다.

"여기 매뉴얼에 나와 있으니까 매뉴얼대로 하면 돼요."

"그건 프로그래머 B 씨가 알고 있으니 그분에게 물어보세요."

"상황은 잘 알겠으니 신경 쓰지 말고 진행하세요."

"그 거래처는 항상 말이 많으니 다 들어주지 않아도 돼요."

이렇게 어느 정도 문제를 해결할 수 있는 답변을 들을 수 있습니다. **며칠 동안 고민하던 심각한 문제나 고민도 나보다 경험이 많은 상사나 선배, 전문가와 상담하면 금방 해결할 수 있습니다.**

'말해봤자 상사에게 혼만 날 것이다', '상사가 나를 비난할 것이다', '나에 대한 평가가 떨어질 것이다'라는 건 당신만의 기우일 수도 있다는 걸 기억하세요.

있는 그대로의 나 자신을 드러낼 용기

그렇다면 사람들은 왜 상담을 어려워하는 걸까요? 상담불가 증후군의 원인은 무엇일까요? **상담한다는 것에 심리적 장벽**

이 있는 이유는 상담이 곧 자기 개방이기 때문입니다. 자기 개방이란 심리학 용어로 '있는 그대로의 나'를 드러내는 것을 말합니다. 자신의 장점뿐만 아니라 고민과 단점, 과거의 힘든 경험 등등을 상대방에게 드러내는 것이죠. 있는 그대로의 자신을 드러내는 것에 두려움을 느끼는 것은 자연스러운 인간의 심리입니다.

'괜히 이야기했다가 무시당하면 어떡하지'라는 생각을 하게 되니까요.

평소의 나는 어떤 의미에서 보면 '사회화라는 가면을 쓴 나'이기 때문에 약간 비판을 받아도 참을 수 있습니다. 하지만 있는 그대로의 나를 드러냈다가 부정당하면 자신의 존재 가치가 흔들리기 때문에 큰 충격을 받습니다.

이 때문에 많은 사람들이 가급적 자신의 단점을 드러내지 않으려고 노력합니다. 어쩌면 당연한 본능인 거죠. 그러므로 본능을 거스르기 위해서는 용기가 필요합니다. 하지만 용기를 내어 지금까지는 말하지 못했던 비밀을 털어놓으면 오히려 마음이 후련해집니다. 가슴에 맺혔던 응어리가 풀리고, 마음이 밝아집니다. 상담이 끝나면 보통 내담자는 독이 빠져나간 듯 상쾌한 표정을 짓는데, 이는 자기 개방의 치유 효과 때

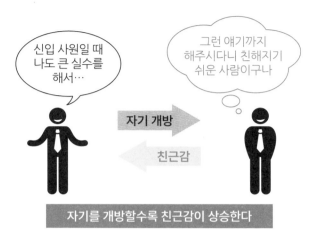

자기 개방의 법칙

문입니다. 상대가 의사든 상사든 누군가에게 문제를 이야기하면 의외로 쉽게 해결될 수 있습니다. 혼자서만 끙끙 앓지 말고 자기를 개방할 용기를 가져보세요.

자기 개방의 보답성

그렇다고 아무에게나 자기 개방을 하라는 말은 아닙니다. 친하지 않은 사람에게는 자기 개방을 해도 공감이 생기지 않습니다.

친밀하지 않은 사람에게 자기 개방을 하면 '(그렇게 친하지도 않은데) 왜 이렇게 무거운 이야기를 꺼내는 거지?'라며 공감과는 정반대의 반응을 보일 가능성도 있습니다. 당신도 아마 그 점이 두려워서 말하지 못하는 것일 겁니다.

심리학 용어 중에 '자기 개방의 보답성'이라는 말이 있습니다. 상대방이 자기 개방을 하면 자신도 그에 상응하는 자기 개방을 하려는 심리를 말합니다.

상대방이 먼저 자기 개방을 하면 나도 자기 개방을 하고 싶어집니다. 내가 먼저 자기 개방을 하면 상대방도 조금씩 마음의 문을 엽니다. 서로 자기 개방을 하면 둘의 관계는 깊어지고, 더 깊은 자기 개방도 할 수 있게 됩니다. 이렇게 자기 개방을 통해 인간관계가 깊어지면서 서로를 치유하는 관계가 형성됩니다.

단, 자기 개방을 할 때 주의할 점은 상대방의 마음이 어느 정도 열렸는지 잘 보고 그 정도에 맞게 해야 한다는 것입니다. 그렇지 않으면 역효과가 날 수도 있습니다. 처음 만난 사람에게 어린 시절에 학대를 당했다는 이야기를 털어놓으면 그저 이상한 사람이 될 뿐입니다. 따라서 정말로 개인적인 고민을 상담할 때는 어느 정도 친밀하고 신뢰할 수 있는 사람을 선택하는 게 맞습니다. 당신도 그것을 무의식적으로 알고 있기 때문에 '이 사람과는 별로 친하지 않으니 이런 무거운 이야기를 하면 싫어할 거야'라는 방어적인 태도를 취한 것입니다. 물론 사회생활을 해야 하기 때문에 이렇게 **스스로 상담의 문턱을 높이는 자세가 필요할 때도 있습니다. 하지만 바로 이 점이 너무 강하면 그 누구에게도 상담을 받지 못하는 원인이 됩니다.** 특히 전문적인 지식을 얻어야 할 의사나 일적인 도움을 받아야 하는 회사 상사에게 이런 방어적인 태도를 취하면 문제는 해결하지 못한 채 부정적인 감정만 커지는 악순환에 빠지게 됩니다. 이런 사람들이 많다 보니 '상담불가 증후군'이 만연하고 상담 요청을 못 하는 사람이 70%나 되는 거죠.

상담할 용기를 갖자

아들러 심리학을 알기 쉽게 소개한 베스트셀러 『미움받을 용기』를 아시죠?

당신이 상대방과 소통을 하려고 할 때, 상대방도 그것을 좋아할지 싫어할지는 알 수가 없습니다. 다른 사람의 생각과 감정, 행동은 그 사람이 결정하는 것이므로 내가 통제할 수 없습니다.

자신이 말을 거는 것은 자신의 의지로 결정할 수 있지만, 상대방의 감정은 상대방에게 맡겨야 합니다. 그래도 상대방과 친해지고 싶다면 '미움받을 용기'를 내서라도 행동할 수밖에 없습니다. 내가 먼저 말을 걸고, 마음을 열고, 상대방을 신뢰해야 합니다. 이것이 『미움받을 용기』에서 가장 마음에 와 닿는 대목이자 책 제목인 '미움받을 용기'의 의미이기도 합니다. 여기서 '미움받을 용기'라는 말은 그대로 '상담받을 용기'라고 바꿔서 생각해도 좋습니다.

당신에게 고민이 생겼다고 합시다. 그것을 L 씨에게 상담해볼까 망설이는 중입니다. '내가 털어놓으면 L 씨가 귀찮아하지 않을까? L 씨는 내 고민에 공감해줄까? 나를 비난하지는 않을까?' 등등 여러 가지 걱정이 나를 둘러쌉니다.

하지만 L 씨의 생각과 감정은 당신이 통제할 수 있는 것이 아닙니다. 먼저 이야기를 털어놔봐야 진짜 반응을 알 수 있습니다. 당신이 결정할 수 있는 것은 '말을 할지 말지'일 뿐입니다. 그렇다면 상담을 요청해보세요. 그러기 위해서는 용기가 필요하지만, 나부터 마음의 문을 열고 먼저 자기 자신을 드러내면 상대방도 마음을 열어줄 가능성이 높습니다.

상대방이 내 말을 들어줄까 아닐까의 문제가 아니라, 당신이 먼저 마음의 문을 열면 상대방도 똑같이 마음의 문을 열어줄 수 있다는 말입니다. 먼저 말을 걸지 않으면 영원히 가까워질 수가 없습니다.

고민을 해소하기 위한 한 가지 중요한 열쇠, 그것이 바로 '상담받을 용기'입니다. **만약 상대방이 싫은 표정을 짓거나 거절해도 괜찮습니다. 상대방이 상담에 응해주지 않는다면 결과적으로는 상대방에게 상담받지 않은 거라고 생각하면 그만입니다.** 거절당했다고 해서 당신의 고민이나 문제가 더 나빠지는 것도 아닙니다. 결국 '고민의 해소'라는 측면에서 봤을 때 잃을 것은 아무것도 없습니다.

사람들은 자기 개방을 좋아한다

'나를 드러내면 싫어하지 않을까'라는 불안감은 누구에게나 있습니다. 하지만 실제로는 그렇지 않은 경우가 더 많습니다. 오히려 누군가 마음을 열고 다가오면 좋아하는 게 사람의 본능이라는 것이 심리학적으로도 증명되었습니다. 자기 개방의 정도는 상대와의 관계에 비례합니다. 즉, 상대방이 자기를 많이 개방한다는 것은 나와 더 깊은 관계를 맺고 싶어 한다는 증거입니다. 누구나 자신의 진솔한 이야기를 털어놓은 친구에게는 '이런 이야기를 해줄 정도로 나를 소중히 여기고 있구나'라는 생각이 들 것입니다.

"의사 선생님에게 죽고 싶다는 말을 했는데 거부당하면 어떡하죠?"

이 역시 제 유튜브에 가끔씩 올라오는 질문입니다. 실제로 '죽고 싶다'는 생각을 하는 사람들 중 상당수가 그런 마음을 의사에게 털어놓아도 될지를 고민합니다. 약간 비약적인 표현이지만, 정신과 의사가 내담자에게 죽고 싶다는 말을 들으면 한편으로는 분명 기쁘기도 할 겁니다. '그렇게 심각한 문제를 털어놓을 만큼 나를 신뢰하고 있구나'라는 생각이 들 테 니까요. '어렸을 때 부모에게 학대를 당했다'는 고백도 마찬가지입니다. 그런 이야기는 정말 신뢰할 수 있는 사람이 아니라면 절대 털어놓을 수 없기 때문입니다. 그래서 그런 고백을 들으면 의사는 매우 좋은 일이라고 판단합니다.

상사와 부하의 관계에서도 업무상의 고민을 털어놓고 상담하면 대부분의 상사들은 좋아할 것입니다. 사전에 아무런 이야기도 없던 팀원이 갑자기 사표를 내면 상사는 큰 충격을 받습니다. '왜 좀 더 빨리 문제를 이야기하고 해결해달라고 하지 않았을까'라는 생각에 꽤 상처를 받기도 합니다. 업무상 심각한 문제를 털어놨는데 '바쁘니까 그런 얘기는 일일이 하지 말라'는 식으로 답하는 상사가 있다면 정말 최악의 인간입니다. 만약 이런 상사를 만났다면 그는 이미 상사로서 실격이기 때문에 '아, 이 사람은 타인의 마음을 전혀 이해하지 못하는 바보구나'라고 중립적으로 판단하면 됩니다. 당신이 우울해할 필요도, 마음 아파할 필요도 없습니다. 만약 이럴 경우에는 다른 사람에게 상담을 받으면 됩니다.

당신을 걱정하는 사람은 반드시 있다

어느 날, 내담자에게 고민을 누군가에게 털어놓으라고 하자 "그런 이야기를 할 수 있는 사람이 단 한 명도 없다"는 답변이 돌아왔습니다. 나중에 그 내담자의 부인이 진찰실에 함께 왔습니다. 남편을 매우 걱정하는 배려심 많은 분이었습니다. 하지만 그런 훌륭한 아내가 있음에도 불구하고 내담자는 "나를 지지해주는 사람이 아무도 없다"고 단호하게 말한 것입니다.

또 다른 내담자는 자신이 정신병에 걸린 건 회사와 상사 때문이라며 계속 원망했습니다. 그런데 나중에 그 상사라는 사람으로부터 '병 상태를 알고 싶다'며 연락이 와서 내담자의 동의를 얻은 후에 만나기로 했습니다.

'과연 얼마나 악랄하고 거들먹거리는 상사가 올까'라고 생각했던 저는 깜짝 놀랐습니다. 그분은 매우 예의 바르고 친절했으며 인품도 좋아서 제 눈에는 그렇게 나쁜 상사로 보이지는 않았습니다. 상사가 부하 직원의 병세를 묻기 위해 병원을 찾아오는 일은 극히 이례적이기 때문에 더욱 그런 생각이 들었습니다. 이처럼 다른 사람들 눈에는 아무리 이해심 많은 상사로 보여도 당사자에게는 도저히 받아들일 수 없는 악랄한 상사로만 보일 수도 있습니다.

연예인의 자살이 보도되면 종종 오랜 친구들이 침통한 표정을 지으며 "왜 나한테 말해주지 않았을까"라는 내용의 인터뷰를 합니다. **당신을 소중히 여기는 사람, 당신을 걱정하는 사람, 당신을 지지하는 사람은 주변에 반드시 있습니다.** 이는 틀림없는 사실입니다.

속마음을 언어로 표현만 해도 죽지 않는다

그러나 인간은 궁지에 몰리면 시야가 좁아집니다. 주변 사람들이 눈에 들어오지 않고 모든 것을 부정적으로만 보게 됩니다. 이는 모든 인간이 빠지는 심리적 습성입니다.

'나를 지지해줄 사람 같은 건 이 세상에 단 한 명도 없다.'

'내 고민을 털어놓을 수 있는 사람은 어디에도 없다.'

이렇게 생각하는 것은 명백한 인지편향입니다. 궁지에 몰렸을 때 눈앞에 벌어진 심각한 일 외에 다른 모든 것은 보이지 않기 때문입니다. **찬찬히 둘러보면 당신 주변에는 당신의 고민을 들어줄 사람, 상담해줄 사람이 반드시 존재합니다.**

그럼에도 지금 내 이야기를 들어줄 사람이 한 명도 없다고 단언한다면 정신적으로 상당히 궁지에 몰린 상태일 가능성이 높습니다. 건강한 상태에서는 마음의 문이 어느 정도 열려 있지만, 우울증에 걸리면 생각이 부정적으로 변하고 모든 것을 비관적으로 바라보며 사람들과 만나는 것을 극도로 꺼립니다. 사람들과의 교류가 줄어들면 이런 경향은 더욱 심해지고 악순환이 반복됩니다. 그 누구와도 상담할 수 없는 상태가 극에 달하면 '이 세상에 나를 돌봐줄 사람이 아무도 없다'는 절망감에 사로잡힙니다. 그렇게 되면 결국 죽고 싶다는 충동이 심해져 자살에 이르게 됩니다. 실제로 자살 시도자 3명 중 2명은 누구와도 상담하지 않고 갑자기 자살한다는 통계가 있습니다. **'상담불가 증후군'을 방치하면 죽음에 이를 수도 있다는 말입니다. 그러므로 마음이 힘들 때는 어떻게 해서든 상담받을 용기를 내어 주변 사람에게 털어놓아야 합니다.**

만약에 상담할 친구가 정말 한 명도 없다면 정신건강, 마음건강을 위해서 최소한 한 명이라도 만들어봅시다(271쪽 참조).

자신의 고민을 말로 표현하는 것. 자신의 고민을 남에게 털어놓는 것은 정말 어려운 일입니다. 하지만 용기를 내어 말로 표현하면 상대방과 고민을 공유할 수 있고 공감을 얻을 수 있습니다. 나의 고민을 '언어화할 용기'를 갖는 것만으로도 고민 해소를 위한 첫걸음을 내디딜 수 있습니다.

가스를 빼면
마음이 편해진다

"그래도 상담할 사람이 없어요."

"제 이야기 따위 아무도 안 들어줘요."

　이렇게까지 이야기해도 여전히 이런 말을 하는 분들이 있습니다. '상담'이라는 단어 자체에 뭔가 심각한 일이라는 뉘앙스가 들어 있기 때문입니다. 그래서 '그렇게 쉽게 마음을 털어놓을 수 없다'는 부정적인 조건반사가 나오는 것입니다. **'상담을 받는다'는 것은 행동의 문턱이 굉장히 높은 일입니다.** 그렇다면 어떻게 해야 할까요? 상담이 어렵다고 생각하는 분들을 위해 한 단계 쉬운 방법인 '가스 빼기'를 소개하겠습니다.

'가스 빼기'란 무엇인가?

어떤 문제나 고민을 방치하면 점차 스트레스가 되고, '힘들다, 괴롭다'라는 부정적인 감정이 쌓입니다. 풍선을 한번 상상해보세요. 스트레스와 부정적인 감정이 계속 들어가면 마음은 풍선처럼 부풀어 오르고, 결국 폭발 직전 상태가 됩니다. 계속 방치하면 언젠가 이 풍선은 펑 하고 터질 겁니다. 마음의 파탄이 몸의 파탄으로 이어지는 거죠. 정신질환 혹은 뇌졸중이나 심근경색과 같은 질병으로 나타나는 사람도 있습니다. 풍선이 약간 부풀어 오르는 것은 괜찮지만 터져버리면 곤란합니다.

그래서 풍선이 부풀어 오르기 전에 안에 있는 에너지를 밖으로 빼줘야 합니다. 저는 이것을 '가스 빼기'라고 부릅니다. 주기적으로 '가스 빼기'를 하면 터질 일이 없습니다. 그렇다면 '가스 빼기'란 구체적으로 뭘 말하는 걸까요? **그것은 바로 당신이 생각하는 것, 느끼는 것을 있는 그대로 말하는 것**입니다. 푸념이라고 할 수도 있습니다. 힘들고 괴로운 마음을 말로 잘 표현만 해도 스트레스와 부정적인 감정이 빠져나갑니다.

가스 빼기의 특징① 해결하지 않아도 된다

부하 직원에게 곤란한 일이 생기면 언제든지 이야기하라고 해도 먼저 상담하러 오는 사람은 별로 없을 것입니다. 만약 온다고 해도 이미 문제가 심각해졌을 때가 대부분입니다. 원래 우리 사회에서는 누군가에게 상담을 받는 문화가 별로 없습니다. 우리는 주로 남에게 폐를 끼치지 않고 혼자 문제를 해결하는 게 미덕이라고 생각하니까요. 저도 종종 내담자들에게 이런 말을 합니다.

"왜 좀 더 빨리 상담받으러 오시지 않았나요?"라고요. 그럼 다들 "어차피 상담받는다고 해도 해결이 안 되니까요"라고 답합니다. 대부분의 사람들은 상담을 받고 나면 해결 방법이 명확하게 나와야 한다고 생각합니다. 그래서 오히려 심리적 장벽이 높아지는 거죠. '해결할 수 없는(통제할 수 없는) 문제는 상담을 해도 해결되지 않는다. 따라서 어차피 상담을 받아봤자 소용이 없다'라고 말이죠.

그래서 저는 '상담'이라는 말 대신 '가스 빼기'라는 단어를 종종 사용합니다. "상담을 시작해봅시다"가 아니라 "자, 지금부터 가스를 빼봅시다"라고 말하는 거죠. '가스 빼기'의 목적은 문제를 해결하는 게 아닙니다. 그저 지금 힘든 일을 말로 표현해보자는 겁니다. 이때는 듣는 사람도 그냥 듣기만 하면 됩니다. 조언도 충고도 필요 없습니다.

가스 빼기의 특징 ② 말하기만 해도 90%가 사라진다

'그런다고 과연 마음이 편해질까?'라고 의문을 품는 사람도 많을 것입니다. 그런데 정말 '가스 빼기'만 잘해도 고민의 90%는 해소됩니다. 가스 빼기의 원리는 심리상담의 원리와 똑같기 때문입니다. 즉 말로 표현하기만 하면 됩니다. 상담사의 입장에서는 그냥 듣기만 하면 됩니다. 듣는 것에 집중하는 것, 이를 심리학에서는 '경청'이라고 합니다. '조언이나 충고를 하지 않는 것'도 상담의 기본 원칙입니다. 심리상담에서는 원래 내담자가 스스로 깨닫는 것을 중시하기 때문에 기본적으로 '○○해라', '○○하는 것이 좋다'는 조언이나 충고는 하지 않습니다. 내담자가 '○○하는 것이 좋겠다'고 스스로 깨닫는 것이 중요하고, 그것을 돕는 것이 상담이기 때문이에요.

해서는 안 되는 '가스 빼기'

그렇다고 아무 말이나 다 내뱉으라는 건 아닙니다. 본인은 가스 빼기라고 생각했는데 오히려 스트레스를 쌓는 경우도 있습니다. 하지 말아야 할 가스 빼기를 알려드리니 주의하세요.

역효과를 일으키는 가스 빼기 ① 험담

카페에 앉아 있는데 옆 테이블에 앉은 젊은 여성 4명의 이야기가 들렸습니다. 그중 한 사람이 시어머니의 나쁜 언행에 대해 상세히 설명합니다. 아마도 자신이 이상한 게 아니라 시어머니가 나쁘다는 말을 하고 싶었나 봅니다. 그 이야기가 끝없이 이어졌습니다. 시간이 흐르면서 3명의 표정이 점점 지쳐갔습니다. 하지만 시어머니 험담은 끝날 기미가 보이지 않았습니다. 옆자리에 있던 저마저 험담이라는 독에 빠지는 것 같아 기분이 나빠져서 카페를 빠져나왔습니다. 시어머니에 대한 이야기는 친구들과 즐거운 수다 시간이자 가스 빼기를 할 수 있는 소재임에는 분명합니다. 하지만 아웃풋을 할 때는 중요한 법칙이 있습니다.

'2주 이내에 같은 이야기를 세 번 이상 하면 기억에 고정된다.'

다시 말해, 잊을 수 없게 된다는 것입니다. 이 여성은 1시간 동안 비슷한 이야기를 몇 번이나 반복했습니다. 이렇게 하면 떠올리기만 해도 기분이 나빠지는 시어머니와의 부정적인 일화가 완전히 뇌에 고정됩니다. 부정적인 기억이 뇌에 고정되면 일상 곳곳에서 되살아나는 부작용이 있습니다. 욕조에 앉아서 한가로이 목욕을 하다가도, 산책을 하다가도, 잠을 자려고 누웠다가도 문득 "아, 시어머니, 짜증 나!"라는 말을 절로 내뱉게 됩니다. **부정적인 경험은 가스 빼기를 통해 흘려보내는 게 중요합니다. 강화해서는 안 됩니다.**

역효과를 일으키는 가스 빼기 ② 부정적인 경험의 반복

험담과 마찬가지로 힘들었던 일을 너무 계속 반복해서 발산하게 되면 기억이 반복 재생되어 강화되기 때문에 고민 해소, 스트레스 해소, 부정적인 감정의 해소와는 정반대의 현상이 일어납니다. 잘못하면 24시간 내내 괴로운 경험이 당신을 계속 쫓아다닙니다. 열 번 이상 아웃풋을 하게 되면 강렬한 기억이 되어 쉽게 잊을 수 없고, 쉽게 바꿀 수도 없게 됩니다.

이 말은 **당신 스스로가 고민을 만들어내고, 그것을 반복해서 말함으로써 더욱 강렬하게 만들고 있다는 거예요.** 저의 진료실에서도 괴로운 과거를 몇 번이나 반복해서 털어놓는 내담자가 있습니다. 그럴 때 저는 "그 이야기는 아까도 들었으니까 괜찮습니다", "그 이야기는 지난번에도 아주 자세하게 알려주셨죠?"라고 말해서 부정적인 기억이 더 강화되지 않도록 차단시킵니다.

역효과를 일으키는 가스 빼기 ③ 자기 비하

매년 인간이 버린 플라스틱 쓰레기가 바다와 바다 생물들에게 큰 피해를 주고 있다는 이야기를 들어보셨을 거예요. 그런데 사실 "나는 안 돼", "나는 멍청해", "나는 못생겼어", "나는 머리가 나빠" 같은 부정적인 말들은 해양 쓰레기와 다를 바가 없습니다.

많은 사람들이 자신의 '무의식'이라는 바다에 매일매일 엄청난 양의 쓰레기를 버리면서 피해를 주고 있습니다. 자기를 비하하는 말을 매일 열 번씩 한다고 치면 1년이면 3000번 이상 부정적인 말을 하는 셈이 됩니다.

자책하는 말이나 남에 대한 험담은 해양 쓰레기와 같습니다.

버려도 바로 눈에 띄지 않고 아무 영향이 없어 보이지만 실제로는 해저에 가라앉아 점점 쌓여갑니다. 뇌의 해저란 바로 무의식입니다. 내 눈에 보이고 다룰 수 있는 것은 수면 위로 드러난 의식뿐입니다. 당신이 버린 부정적인 쓰레기는 무의식의 영역에 쌓여 어느새 흘러넘칠 정도가 됩니다. 그러면 어떤 일이 일어날까요? 무의식은 당신의 성격, 행동, 사고방식에 영향을 미칩니다. 문득 떠오르는 생각, 무심코 하는 행동 등 당신이 의식적으로 통제할 수 없는 영역의 것들은 모두 무의식의 명령에 의한 것입니다.

"나는 안 돼", "나는 할 수 없어"라는 말이 당신의 무의식을 만들어냅니다. 그 결과 부정적인 생각이 자라나고, 자존감은 낮아집니다. 부정적인 말을 입 밖으로 내뱉으면 편도체가 흥분하고 노르아드레날린이 분비됩니다. 노르아드레날린은 가장 강력한 기억력 강화 물질입니다. 부정적인 말은 이 기억력 강화 효과로 뇌에 밀착됩니다. 바다에 가라앉은 쓰레기가 물을 머금고 10배 정도로 팽창한다고 상상해보세요. 앞서 가스 빼기란 약점을 드러내고 속마음을 털어놓는 것이라고 설명했지만, 자기를 비하하는 말은 절대 금물입니다. 그런 말은 하면 할수록 스트레스 발산, 치유와는 정반대 방향으로

가게 됩니다.

제가 아무리 부정적인 관점을 전환해서 긍정적으로 생각하자고 말해도 그렇게 하는 게 힘든 분들이 있을 겁니다. 왜 이렇게 생각을 바꾸는 게 어려울까요? 그것은 바로 당신의 무의식이 '불가능하다', '할 수 없다'고 외치고 있기 때문입니다. 먼저 내면에 있는 무의식의 바다에 쓰레기를 버리는 행동부터 멈춰주세요. "나는 안 돼", "나는 그런 거 못 해"처럼 자신을 비하하는 말을 하지 마세요. 이것만 지켜도 삶은 달라집니다.

그렇다면 무의식의 바다에 쌓여 있는 쓰레기를 회수하는 방법은 없을까요? 아니. 회수할 수 있습니다. **"나는 할 수 있다", "지금의 나로 충분하다", "나는 지금 최고다!" 같은 긍정적인 말을 늘려서 스스로에게 들려주세요. 무의식에 쌓여 있던 쓰레기가 서서히 정화될 것입니다.**

노르아드레날린은 가장 강력한 기억력 강화 물질이긴 하지만 그렇다고 너무 불안해할 필요는 없습니다. "나는 할 수 있다!"라는 긍정적인 말을 해서 기분이 좋아지면 그 순간 도파민이 분비됩니다. 도파민은 일명 '학습 물질'이라고 불릴 정도로 노르아드레날린에 버금가는 기억력 강화 효과를 갖

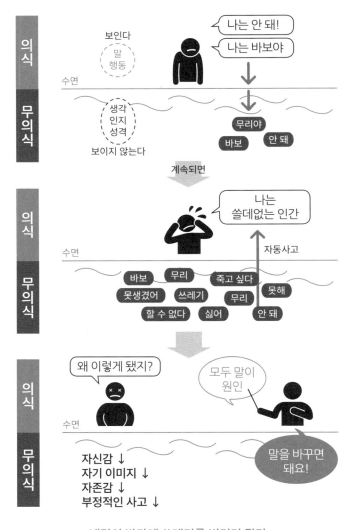

내면의 바다에 쓰레기를 버리지 말자

고 있습니다. 도파민은 즐거운 기억을 강화해서 나쁜 기억을
좋은 기억으로 바꿔줍니다.

가스 빼기의 '한 번만' 규칙

힘든 일은 마음이 맞는 친구에게 딱 한 번만 이야기하세요.

"요즘 이런 일이 있는데, 정말 싫어. 하하하하."

웃으면서 마무리하면 그것으로 일단 정리가 됩니다. 다시
그 이야기를 꺼내지 않는다면, 아마 한 달쯤 후에는 기억에서
완전히 사라질 것입니다. 앞서 소개했던 여성의 사례에서도
시어머니에 대한 이야기는 15분 정도로 끝내고 "그래서 짜증
이 났어. 하하하"라고 마무리했다면 완벽한 가스 빼기가 되
었을 겁니다. 그러면 친구들도 "정말 힘들었겠다"라고 쉽게
공감해주겠죠. 그러면 마음이 치유되면서 스트레스가 해소
될 겁니다.

부정적인 경험은 딱 한 번만 이야기하고 잊어버릴 것. 이것
이 바로 **가스 빼기의 '한 번만' 규칙**입니다. 험담이나 괴로운
경험을 반복해서 말하거나 장시간 이야기하는 것은 스트레

스 해소에 도움이 되기는커녕 오히려 편도체를 쉽게 흥분시켜 불안 체질로 만듭니다. 쉽게 불안해지고 부정적인 생각을 하는 것은 결코 스스로에게 좋지 않습니다. 실패하거나 괴로운 일이 있더라도 금방 기운을 회복하는 사람과 계속 부정적인 기운에 질질 끌려다니는 사람의 차이는 여기에 있습니다.

가스를 빼는 말하기 요령

1. 편하게 말한다.

   → 너무 격식을 차리지 않는다.

2. 해결하지 않아도 괜찮다.

   → 그냥 말하기만 하면 된다.

3. 고민은 작을 때 흘려보낸다.

   → 심각해지면 말하기 힘들다.

4. 심각해지지 않는다.

   → 웃음, 유머, 밝은 분위기로 승화한다.

5. 할 수 있는 범위 내에서 자기 자신을 드러내라.

   → 자기 개방에는 치유 효과가 있다.

6. 편하게 이야기할 수 있는 친구를 한 명 이상 둔다.

   → 신뢰 관계를 형성한다.

7. 건강한 상태에서 가스 빼기.

   → 뇌가 피로하기 전에, 병에 걸리기 전에 한다.

가스를 빼는 듣기 요령

1. 듣는 것에 집중한다.

   → 경청한다. 듣기와 말하기의 비율은 9대 1이 좋다.

2. 충고, 조언은 필요 없다.

   → 충고할수록 상대는 싫어한다.

3. 공감을 나타내는 말을 한다.

   → '힘들겠다', '나도 그렇게 생각해'라고 말한다.

4. 비언어적인 의사소통을 의식한다.

   → 맞장구, 눈 맞추기, 동의나 공감의 몸짓을 보낸다.

5. 부담 없이 이야기할 수 있는 분위기를 만든다.

   → 편안한 장소, 관계성. 잡담, 서서 이야기하는 것도 좋다.

6. 수평적 관계를 지향한다.

   → 상사나 선배 같은 윗사람의 입장에서 듣지 않는다.

과거를 잊는 법, 자이가르닉 효과

"헤어진 연인을 못 잊겠다."

"과거의 나쁜 기억을 잊고 싶다."

과거의 나쁜 기억을 지우고 싶어 하는 사람은 정말 많습니다. 제 유튜브 채널에서도 과거를 잊는 방법에 대해서는 10번 이상 설명을 해드렸는데 아직도 상담 요청이 주기적으로 들어옵니다. 이에 대한 대처법 중 하나도 바로 '한 번만' 규칙입니다. '부정적인 이야기는 딱 한 번만 하고 잊는다', '부정적인 사건은 여러 번 이야기하지 않는다'를 철저히 지켜보세요.

또 실연과 같은 나쁜 기억을 이미 여러 번 이야기해서 잊을 수 없게 된 사람에게는 다른 방법이 있습니다. 그 경험을 '일단락'시키세요.

심리학 용어로 **'자이가르닉 효과'**라는 것이 있습니다. '사람은 목표가 완수되지 않은 과제를 끝낸 과제보다 더 잘 기억하는 경향이 있다'는 것입니다. 다시 말해 **일단락된 사건은 잊기 쉽지만, 지속 중인 사건은 잊을 수 없다**는 말입니다.

러시아의 심리학자 부르마 자이가르닉은 카페에서 커피

주문을 받는 웨이터를 지켜보다가 한 가지 특징을 발견했는데요. 그것은 바로 웨이터가 커피를 제공하기 전까지는 누가 어떤 커피를 주문했는지를 잘 기억하지만 커피를 제공한 후에는 금방 잊어버린다는 사실이었습니다. 나중에 실험을 통해 검증한 결과, 완료되지 않은 작업은 기억에 남지만, 일단락된 일은 잊을 수 있다는 심리 법칙을 밝혀냈습니다. 이것이 바로 자이가르닉 효과입니다.

즉, 아직도 헤어진 연인을 생각하면서 미련, 아쉬움, 분노 등 다양한 감정들을 반복 재생하기 때문에 더욱더 그 연인을 잊지 못하는 것입니다. '그 시절(전 애인과 친하게 지냈던 시절)이 좋았어'라면서 계속 옛날 일을 떠올리는 것은 '가능하면 전 연인에게 돌아가고 싶다'는 욕망과 한 세트입니다. 이럴 때는 다음과 같이 일단락시키면 의외로 쉽게 과거에서 벗어날 수 있습니다.

> ▶ 전 연인의 연락처와 SNS를 모두 삭제한다.
> ▶ 전 연인의 게시물을 완전히 볼 수 없도록 SNS를 차단한다.
> ▶ 전 연인과 함께 찍은 사진을 모두 삭제한다.
> ▶ 전 연인에게 받은 선물을 모두 버린다.

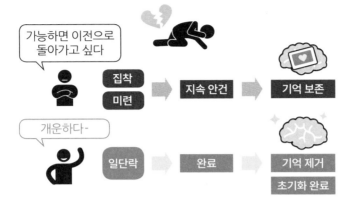

자이가르닉 효과

    스마트폰에 사진을 남겨두면 그 사진을 볼 때마다 옛날 일이 생각납니다. 이것은 그 사진이 주는 기억을 강화하는 것이나 마찬가지입니다. 입으로는 잊고 싶다고 말하지만 무의식적으로는 잊고 싶지 않다고 생각하기 때문에 추억의 사진이나 추억의 선물을 버리지 못하는 것입니다. 헤어진 연인을 진심으로 잊고 싶다면 지금 당장 사진이나 선물을 모두 버리세요. 그 사람과 관련된 사진이나 물건을 추억과 함께 모두 처분하고 '이것으로 끝났다!'라고 생각해보세요. 그러면 의외로 쉽게 잊을 수 있습니다. 또는 다음 연애를 위한 준비 단계에 들어갈 수 있습니다.

과거를 수용하고 극복하는 방법

"어머니가 돌아가셨다는 충격에서 벗어나지 못하겠어요."

"10년 동안 함께 살았던 반려동물의 죽음을 극복할 수가 없어요."

부모나 소중한 사람의 죽음, 혹은 10년 넘게 같이 살았던 반려동물의 죽음에서 벗어나지 못하는 경우, 좋은 추억이긴 하지만 떠올릴 때마다 슬프고 눈물이 흐릅니다.

이럴 때는 차마 사진이나 추억의 물건들을 모두 버릴 수는 없겠죠. 앞장에서는 시간을 두는 법에 대해 이야기했지만 여기서는 다른 방법 하나를 더 제안합니다. **그것은 바로 감사 편지를 쓰는 겁니다.** 자신의 어머니, 반려동물에게 '감사하다, 고맙다, 즐거웠다'라는 긍정적인 생각을 편지로 써보세요.

"지금까지 많은 것을 해줘서 고마워요", "즐거운 추억을 많이 만들어줘서 고마워요", "덕분에 하루하루가 즐거웠어요"

라고 말하는 거죠. 그러고 나서 무덤이나 유골함 앞에 헌정하는 거죠. 이렇게 상대방이 나에게 해준 일에 대해 진심을 다해 마음을 표현하면 일단락을 맺을 수 있습니다. 뇌 과학적으로 봐도 감사하는 마음을 언어로 표현하는 것은 옥시토신과 엔돌핀 분비를 촉진합니다. 이 호르몬들은 상처받은 당신의 마음을 치유해줍니다. 마음속에 들어 있는 긍정적인 감정, 생각, 감사하는 마음을 언어화하면 소중한 사람이나 반려동물의 죽음도 서서히 받아들이면서 결국에는 극복할 수 있습니다.

친구를 사귀는 간단한 방법

"상담할 수 있는 친구가 한 명도 없어요."

앞쪽에서도 이야기했지만 친구가 한 명도 없다는 말을 의외로 자주 듣게 되는데, 정말 그럴까요? 그런 사람이 얼마나 있는지 궁금해져서 트위터에서 조사를 해봤습니다. 결과는 '친구가 한 명도 없다'가 37.9%로 약 3명 중 1명이 친한 친

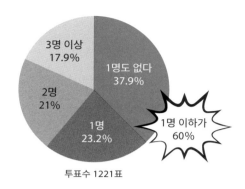

3명 이상
17.9%

1명도 없다
37.9%

2명
21%

1명
23.2%

1명 이하가
60%

투표수 1221표

당신은 친한 친구가 몇 명입니까?
(친한 친구란 고민이 생겼을 때 상담할 수 있는 사람)

구가 한 명도 없다고 답했습니다. 1명 있다고 답한 사람은
23.2%였습니다. 약 60%가 '친구가 없거나 한 명밖에 없다'는
것을 알 수 있습니다.

그러니까 만약 당신이 친구가 없거나 한 명밖에 없다 해도
절대 이상한 일이 아닙니다. 그러니 비관할 것도 낙담할 것도
없습니다. 다만, **고민이 생겼을 때 상담할 수 있는 친구가 한
명도 없는 상황은 피해야 합니다.** 사소한 고민이라면 친구에
게 이야기하는 것만으로도 해소되는 경우가 많고, 해소가 안
되더라도 가스 빼기로 스트레스나 부정적인 감정을 발산할

수 있습니다. 그러지 못하면 일상의 스트레스는 계속 쌓이기
만 합니다.

그렇다면 어떻게 친구를 만들어야 할까요? 친구라고 하면
많은 사람들이 보통 3, 4명의 친한 친구 그룹을 상상하기 쉽
습니다. 특히 중고등학생들 중에는 그런 패턴이 많고, 실제로
청춘 만화 등을 보면 친한 친구 그룹의 이야기가 많습니다.
하지만 사회인은 퇴근 이후에 매일 여러 명이 만나 놀러 다닐
여유가 없습니다. 일대일 관계면 충분합니다.

3명 중 1명이 친구가 없다는 것은 비관적인 현실일까요?
아니요, 그렇지 않습니다. 오히려 기뻐해야 할 정보죠. 이 3명
중 1명 역시 속으로는 '친구가 있었으면 좋겠다'고 생각하고
있을 겁니다. 다시 말해 당신이 만약 이들에게 친구가 되고
싶다고 다가가면 분명 환영할 거라는 사실입니다. 나만 친구
가 없다는 생각에 슬플 수는 있겠지만, 3명 중 1명은 친구가
없으니 친구가 없는 사람들끼리 어울리면 됩니다. 그런 사람
들끼리 친구가 되면 됩니다.

밝고 사교적이고 친구가 많은 인기인 M 씨는 말이 없는 당
신을 친구로 삼고 싶지 않을지도 모릅니다. 하지만 항상 혼자
있고 외로운 분위기를 풍기는, 친구가 없을 것 같은 N 씨라면

당신과 친구가 될 수 있을지도 모릅니다.

친구를 사귀기 위해서 꼭 "저와 친구가 되어주세요!"라고 고백할 필요는 없습니다. **평소에 잡담을 하면서 서로의 공통점을 발견하고 접촉 빈도를 늘려가다 보면 자연스럽게 친해질 수 있습니다.** 이것이 바로 심리학 용어로 **'자이언스 효과'** (만남이 반복될수록 좋은 인상을 갖게 되는 효과)라는 것입니다. 여기서 중요한 것은 공통점입니다.

출신지, 출신 학교, 거주 지역, 취미, 좋아하는 음식, 좋아하는 음악, 좋아하는 뮤지션, 좋아하는 스포츠, 좋아하는 스포츠 팀……. 만약 이 중 하나라도 공통점이 있다면 대화 횟수를 늘리면서 자연스럽게 관계를 만들어가세요.

잘 듣기만 해도 좋은 친구를 사귈 수 있다

친구를 사귀는 또 한 가지 가장 중요한 방법은 상대방의 이야기를 잘 들어주는 겁니다. 누구나 자신의 이야기를 들어주는 사람을 원합니다. 또 모든 인간관계에는 거울의 법칙이 작동합니다. 당신이 상대방의 고민을 잘 들어준다면 상대방 역시 당신이 힘들 때 이야기를 들어줄 겁니다. **남의 이야기를 들어주는 것, 남의 상담을 들어주는 것은 공감력 또한 높여줍니다.**

심리학자 아들러는 "공감이란 상대방의 눈으로 보고, 상대방의 귀로 듣고, 상대방의 마음으로 느끼는 것"이라고 말했습니다. 심리상담에서도 상담자는 내담자의 입장이 되어 상대방의 눈으로 보고, 상대방의 귀로 듣고, 상대방의 마음으로 느끼는 것이 기본 자세입니다.

남의 이야기를 들어주는 것은 때로는 귀찮고 부담스러울 수 있지만, 최고의 공감력 훈련이기도 합니다. 당신의 공감력은 상대방을 치유할 수 있습니다. 그리고 서로 공감해주는 관계가 형성됩니다. 이런 과정에서 신뢰가 쌓이면 당신 역시 '이 사람이라면 내 이야기를 털어놓을 수 있겠구나'라고 생각하게 될 거예요. 공감하는 사람이 공감받는 사람이 되는 거죠. '이런 이야기를 꺼냈다가 부담스러워하면 어떡하지', '미움받으면 어떡하지'라는 두려움은 누구에게나 있습니다. 정말 마음이 맞는 사람을 발견했다면 미움받을 용기를 극복하고 자신이 먼저 다가가보세요. 친구 한 명 정도는 금방 사귈 수 있습니다.

중요한 것은 공감하는 것.
공감이란 상대방의 눈으로 보고
상대방의 귀로 듣고
상대방의 마음으로 느끼는 것이다.

_알프레드 아들러(심리학자)

쓰기만 잘 해도
고통이 줄어든다

최후의 수단, 글쓰기

이제 여기까지 읽고도 "그래도 저는 상담할 사람이 없어요",
"저는 정말 친구가 없어요"라는 분들에게 최후의 수단을 알
려드립니다. 친구가 한 명도 없어도 가스 빼기를 할 수 있는
방법은 있습니다. 앞장에서도 이야기했지만 노트에 고민을
쓰기만 하면 됩니다. 이 방법은 습관이 되면 짧은 시간 안에
도 해소할 수 있는데 생각보다 쉽지는 않습니다. 자신의 단
점, 결점, 기억하고 싶지 않은 쓰라린 경험 등등 내 안의 부정
적인 부분과 마주해야 하기 때문입니다.

쓰기만 해도 고민의 90%가 해소

말씀드렸듯이 저의 유튜브 채널에는 매일 30개 이상의 질문이 들어옵니다. 하지만 질문의 내용을 잘 정리하지 못하는 분들도 많습니다. 질문 신청 양식에 '상담 내용을 120자 이내로 적어주세요'라고 쓰여 있는데도 400자 이상의 장문을 보내는 분들이 많습니다. 또 이 긴 글을 읽어봐도 가장 힘든 게 뭔지, 질문하고 싶은 게 뭔지, 말하고 싶은 게 뭔지 알 수 없을 때가 많습니다. 이런 현상은 그만큼 스스로의 고민을 언어로 표현하는 게 얼마나 힘든 일인지를 말해주는 것이죠. **그런데 이를 역으로 생각해보면 만약 제대로 일목요연하게 자신의 고민을 정리할 수 있다면 이미 고민의 90%는 해소된 것이나 다름없다는 말과 같습니다.** 언어화를 통해 고민이 가시화되면 스스로 대처할 힘이 생기기 때문입니다.

자신의 문제에 대해서 객관화하는 눈이 생기면 대처법을 찾아보거나 해당 주제의 책을 사서 읽거나 친구나 지인에게 상담을 받는 등 자구책을 마련하게 됩니다. 하지만 힘들고 괴로운 감정이 그저 막연하고 답답한 느낌으로만 남아 있다면 무엇을 어떻게 해야 할지 알 수 없습니다. 상담을 하려고 해도 "힘들어요, 괴로워요"라는 말밖에 할 수가 없습니다.

언어화로 사실과 감정 구분하기

제 유튜브 채널에서 질문의 글자 수를 120자로 제한하는 이유는 구독자분들이 자신의 고민을 언어화할 수 있도록 유도하기 위해서입니다. 120자로 정리하려면 자기 자신과 마주하고 머릿속을 정리해야 합니다. '고민을 글로 써내려가면서 마음이 가벼워졌다'는 내용의 감사 메일을 자주 받는데, 그게 바로 제가 원하던 바입니다.

언어화를 통한 가스 빼기 효과 그리고 고민을 객관화함으로써 자신이 어떤 상황에 놓여 있는지 알 수 있게 되면 스스로 대처법을 깨닫게 됩니다. 또는 언어화를 통해 머릿속이 정리되면서 동시에 감정도 정리되기 때문에 속이 후련해집니다.

고민하는 사람의 머릿속은 보통 엉망진창입니다. 자신이 힘들고 괴로운 것은 알지만, 왜 괴로운지 그 이유를 잘 모릅니다. 하지만 고민을 글로 쓰다 보면 그 행위만으로도 고민이 해소되기도 합니다. 그것은 **언어화라는 '메스'를 통해 사**

실과 감정을 분류했기 때문입니다. 아무리 부정적인 감정에 휩싸여도 언어화를 하게 되면 감정의 족쇄가 풀립니다. 신기하게도 막상 언어로 풀어보면 '아, 내가 이래서 힘들었구나. 이런 거였구나'라고 바로 인식하게 됩니다. 자신의 고민을 120~140자 정도로 정리하는 것은 언어화 능력을 기르는 좋은 훈련입니다.

고민을 글로 쓰는 효과

1. 정리

   지금까지의 경과, 사실관계가 정리된다.

   머릿속이 정리된다.

   감정과 사실을 구분할 수 있다.

2. 발산

   부정적인 감정이 발산된다.

   마음이 개운해진다.

3. 객관화

   고민을 내 힘으로 컨트롤할 수 있게 된다.

   검색을 하거나 책을 찾아볼 수 있게 된다.

   누군가에게 상담받을 수 있게 된다.

대처법을 알 수 있다, 깨닫게 된다.

대단한 일이 아니라는 것을 알 수 있다.

글쓰기만으로도 병이 낫는다

'쓰기 언어화'를 통해 고민이 해소된 사례를 소개합니다. 약물중독 내담자인 30대 후반 여성 N 씨는 신경안정제나 수면제가 없으면 불안해서 잠을 못 자는 사람입니다. 이미 남용이 심해서 제가 처방해주지 않으면 다른 병원에 가서 약을 받아오거나 약국에서 산 수면제를 다량 복용했기 때문에 더욱 위험한 상태였습니다. 완전히 약에 중독된 상태였기 때문에 집에 돌려보내는 것이 걱정스러워서 결국 입원을 시켰습니다.

제가 가장 먼저 권유한 것은 '일기 쓰기'였습니다. 오늘 있었던 일, 생각한 것 등을 자유롭게 쓰도록 했습니다. 길게 쓰지 않아도 되니 조금씩이라도 써보라고 했습니다. 역시 처음에는 한 줄도 쓰지 못했습니다. 아무거나 좋으니 써보라고 해도 한 단어도 쓰지 못했습니다. 자신과 마주할 수 없는 상태였기 때문입니다. 아웃풋이 전혀 안 되고 언어화도 할 수 없는 상태였습니다. 그런데 매일매일 심리상담을 하자 조금씩 쓸 수 있게 되었습니다. 처음에는 한 줄이었던 것이 세 줄, 다섯 줄이 되고 열 줄이 되었습니다. 그러다가 오늘뿐 아니라 과거의 일들에 대해서도 기억을 떠올리며 글을 쓸 수 있게 되었습니다. 그 과정에서 점점 자신이 약물 남용 상태라는 사실을 인지하게 되었습니다. '쓰기 언어화'를 통해 자기 자신 그리고 자신의 과거를 마주할 수 있었던 거죠.

이렇듯 일기를 매일 쓰면 자기 통찰력이 생깁니다. 글을 한 줄도 못 쓰던 그녀가 퇴원할 즈음에는 매일 한 페이지 이상 일기를 쓰는 걸 보고 저도 놀랐습니다. 알고 보니 그녀는 가족과의 관계가 좋지 않아 거기서 벗어나기 위해 약에 의존하고 있었습니다. 그녀 자신도 일기를 쓰는 과정에서 그 사실을 깨닫게 되었다고 합니다. 10년 이상 여러 병원을 전전하며 약물 남용에서 벗어나지 못했던 그녀가 일기 쓰는 행위를 통해 드디어 약물 중독을 극복하게 된 것입니다.

고통을 문장으로 표현하면 통증이 줄어든다

자신의 고통을 문장으로 표현하는 것은 말기 암 환자들에게도 효과가 있습니다.

임상의 낸시 모건 박사는 워싱턴의 암센터에서 백혈병 등 중증 암 환자들에게 '글쓰기 운동'을 처방한 결과, 매우 큰 성과를 거두었습니다. 글쓰기 운동 방법은 간단합니다. 20분이라는 정해진 시간 동안 '암이 자신을 어떻게 바꾸었는지, 그리고 그 변화에 대해 자신이 어떻게 생각하는지'를 기술하는 것입니다.

그 결과 글쓰기 운동 참가자의 49%가 '질병에 대한 생각이 바뀌었다'고 답했고, 38%가 '현재 상태에 대한 생각이 바뀌었다'고 답했습니다. 특히 젊은 내담자와 최근 암 진단을 받은 내담자들에게서 효과가 높았습니다.

이렇듯 암과 같이 엄청난 고통을 유발하는 질환도 언어화 과정을 통해 완화될 수 있습니다. 이는 원인(암)을 제거하지 않아도 불안 같은 부정적인 감정이 줄어들 수 있다는 것을 잘 보여줍니다.

'쓰기 언어화'에 대한 사례를 또 하나 소개합니다. 1980년

대에 미국의 사회심리학자 제임스 페니베이커가 PTSD 치료를 위해 고안한 '**표현적 글쓰기**(Expressive Writing)'라는 방법이 있습니다. 생각한 것을 글로 써서 언어화하는 치료법입니다. 이 치료법은 긍정심리학 분야에서 여러 실험을 하고 있는데 자기 통찰력 향상, 건강 증진 효과(면역력 향상, 병원 방문 횟수 감소), 수면의 질 개선 효과, 우울증 개선, 행복감 향상 등등 긍정적인 효과가 있는 것으로 보고되고 있습니다. 영국 옥스퍼드대 연구에 따르면 불면증에 시달리는 14명에게 3일간 표현적 글쓰기를 시켰더니 잠들기까지 걸리는 시간이 실험 전 40분이었던 것이 14분으로 줄어들었다고 합니다. 자율신경 관련 책을 많이 쓴 고바야시 히로유키 준텐도대학 의대 교수는 『하루 세 줄, 마음정리법』(지식공간)에서 "잠자리에 들기 전에 세 줄의 일기를 쓰는 것만으로도 자율신경이 안정되고 수면의 질이 개선된다"고 밝혔습니다. 표현적 글쓰기에는 여러 가지 방법이 있지만, 일반적인 방법은 다음과 같습니다.

'표현적 글쓰기' 방법

글을 쓰는 시간은 언제든 좋다.

그날 있었던, 스트레스를 받은 사건이나 그때의 감정에 대해 쓴다.

종이에 손으로 쓴다.

쓴 날짜와 시간을 기록한다.

자신의 감정을 가능한 한 자세하게 쓴다.

글씨는 서툴러도 괜찮다(남에게 보여주기 위한 것이 아니기 때문에).

긍정적인 사건이든 부정적인 사건이든 상관없다.

시간은 15~20분 정도(5분 이하도 좋다)가 좋다.

가능하다면 습관으로 만든다(계속할수록 효과가 크다).

스트레스받았던 사건, 부정적인 사건을 써도 좋지만, 계속 부정적인 일만 쓰면 부정적 사고를 강화할 수 있으므로 주의하세요. '부정적인 사건을 토해내어 속이 후련해진다', '다 내뱉고 잊는다'는 것이 목적이기 때문에 이미 한 번 쓴 것은 여러 번 쓰지 않는 것이 좋습니다. '한 번만 규칙'을 기억하세요. 또 긍정적인 내용이 많은 사람의 경우에는 잠들기 직전에 쓰는 것이 좋으며, 부정적인 아웃풋이 많은 사람은 잠들기 2시간 이상 전에 하는 것이 좋습니다.

부정적인 언어화를 하고 나서 바로 잠들면 부정적인 사건이 강화되고 기억에 굳어질 수 있으므로 2시간 이상 전에 하는 것을 권합니다. 두 가지를 모두 적는 경우에는 부정적인 사건을 먼저 쓰고 긍정적인 사건을 나중에 쓰는 것이 좋습니다. 부정적인 감정이 긍정적인 글쓰기를 통해 완화되기 때문입니다.

저는 잠들기 직전에 '세 줄 긍정일기'를 써보라고 권합니다. 하루의 마지막 순간을 행복한 기분으로 마무리하기 위해서죠. 오늘 하루 있었던 일 중 가장 즐거웠던 일을 떠올리며 잠을 청하는 겁니다. 긍정적인 일에 주의를 기울이면 불안이 가라앉기 때문에 수면의 질도 좋아지는 효과가 있습니다.

세 줄 긍정일기 작성법

1. 잠자리에 들기 전, 잠옷으로 갈아입고 세수와 양치질 등을 마친다.
2. 잠자리에 들기 직전에 '오늘 있었던 즐거운 일' 세 가지를 떠올리며 각각 한 줄씩 노트에 쓴다.
3. 길게 쓰고 싶은 사람은 길게 써도 좋지만, 너무 길게 쓰면 수면에 방해가 되므로 적당히 쓴다.
4. 글을 쓰자마자 그 즐거웠던 일을 떠올리며 잠이 든다. 부정적인 것, 불필요한 것은 생각하지 않는다.

언어화 작업은 글쓰기 능력이나 말하기 능력과는 상관이

없습니다. 말로 표현하는 것 자체가 중요하기 때문에 잘하고 못하는 것은 신경 쓰지 않아도 됩니다. 어차피 처음에는 쓰기든 말하기든 다 어렵고 그게 정상입니다. 처음에는 '언어화하기 싫다'는 무의식적인 거부 반응이 나오기도 합니다. 자신과 마주하는 것, 자신의 고민과 마주하는 것은 즐거운 일이 아니기 때문입니다. 그래도 3개월 정도 꾸준히 하면 언어화 능력도 상당히 좋아집니다. 이렇게 언어화가 가능해지면 스트레스가 해소되기도 하고 고민도 상당히 가벼워집니다.

— 8장 —

행동하면
고민은 사라진다
(행동화)

행동하지 않으면 고민이 늘어난다

로댕의 '생각하는 사람'은 세계에서 가장 유명한 조각상이라 해도 과언이 아닙니다. 대부분의 사람들은 생각하는 사람, 고민하는 사람이라고 하면 이렇게 의자에 앉아서 턱을 괴거나 머리를 싸매고 있는 모습을 떠올립니다. 그런데 사실은 앉아서 생각하기 때문에 고민이 풀리지 않는 것입니다. **걸으면서 생각하면 고민은 더 쉽게 해결됩니다.** 원래 장시간 앉아 있는 것은 건강에 좋지 않습니다. 1시간 동안 내내 앉아만 있으면 수명이 22분 줄어든다고 합니다. 계속 앉아 있으면 뇌 활동도 저하됩니다. 반대로 서 있으면 뇌가 활성화되고, 운동을 하면 뇌가 더욱 활성화됩니다.

하루에 12시간 이상 앉아 있는 사람은 6시간 미만인 사람에 비해 정신 건강이 나쁜 사람이 3배나 많다는 조사 결과도 있습니다. 장시간 앉아서 고민하는 것은 정신적으로도 악영향을 끼칩니다. 로댕의 '생각하는 사람'처럼 의자나 소파에 앉아서 '아, 어떡하지'라고 고민하는 것은 최악의 방식입니다. '행동한다'는 것은 어떤 액션을 취하는 것입니다. 몸을 움직이고 운동한다는 뜻입니다. 의자에 앉아만 있으면 고민이 해소되지 않습니다. 움직이고, 활동하고, 사람을 만나고, 이야기하고, 상담해야 합니다. 실제로 무언가 행동으로 옮겨야 현실이 바뀝니다.

물론 인풋(검색, 조사, 독서)은 중요합니다. 하지만 책을 100권 읽어도 아웃풋이나 행동이 없으면 현실은 바뀌지 않습니다. 아웃풋과 행동이 함께 일어나야 나의 현실에 변화가 생깁니다.

지금까지 설명한 '관점의 전환'과 '언어화'를 통해 이제 당신이 해야 할 일이 무엇인지는 명확해졌습니다. 대처법을 알았다면, 이제 행동으로 옮겨야 합니다.

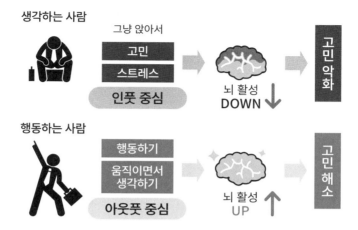

행동하면 고민은 사라진다

그럼에도 여전히 행동으로 옮기기 너무 힘들다고 토로하는 분들이 많을 겁니다. 행동한다는 것은 이렇듯 실천하기가 쉽지 않습니다.

이제 마지막으로 우리가 왜 막상 행동으로 옮기지 못하는지를 뇌 과학적으로 설명하고, 행동화할 수 있는 방법을 알려드릴게요. 먼저 **'행동하지 않으니 고민이 사라지지 않는다. 행동하면 고민은 사라진다'라고 스스로에게 말해주세요.**

내 몸 내가 돌보기
; 수면, 운동, 아침 산책

기분 전환이 어려운 원인은 '뇌의 피로'

"똑같은 고민과 생각이 자꾸 떠올라요."

"부정적인 감정을 떨쳐내도 괴로운 감정이 자꾸 솟구쳐요."

"부정적인 생각이 머릿속에서 떠나지 않아요."

괴로운 고민이나 부정적인 생각이 자꾸 떠오를 때는 '그건 그렇고' 같은 기분 전환의 말을 중얼거려도 효과가 전혀 없습니다. 고민이 깊은 사람은 대개 이런 상태입니다. 이것을 뇌과학적으로 설명하면 '전두전야의 피로'라고 합니다. 생각을 전환하는 능력은 뇌에서는 전두전야가, 뇌내 물질로는 세로토닌이 주로 담당하고 있습니다.

즉 생각과 감정을 전환할 수 없다는 건 전두전야가 피로를 느껴 세로토닌이 감소했기 때문입니다. 쉽게 말하면 뇌가 피로한 상태입니다. **'피곤 모드'에 들어갔다는 말이죠.** 그런데 이 상태가 1~2주 정도 지속되면 건강과 질병 사이의 상태. 질병의 바로 전 단계가 될 수도 있습니다.

'뇌 피로'가 모든 악의 근원!

심신이 모두 건강해도 직장 내 인간관계 등의 고민이 매일 계속되면 기분이 우울해집니다. 힘들고 괴롭다는 생각이 강해지고, 결과적으로 뇌 피로에 빠지게 됩니다.

뇌가 피로해지면 기억력도 감소합니다. 보통은 3개 있어야 할 뇌의 그릇이 2개나 1개로 줄어듭니다. 그러면 자신의 머리로 생각할 수 없게 됩니다. 무슨 생각을 해도 계속 빙빙 돌게 된다는 것은 앞에서 설명했습니다.

이어서 시야가 좁아집니다. 부정적인 생각에만 집중하기

때문에 더욱 괴롭습니다. 전체를 못 보고 부분에만 매달리니 대처법을 생각할 겨를이 없습니다. 게다가 뇌가 피곤해지면 감정 조절이 잘 되지 않습니다. 쉽게 짜증을 내거나 화를 내고 생각이 부정적인 방향으로 치우칩니다. 더 이상 논리적인 생각도 할 수 없습니다. 그렇게 되면 인간관계는 더욱 악화되고 자기 자신에 대한 압박도 더욱 강해집니다. 뇌 피로가 더욱더 심해지면 의욕도 잃게 됩니다. 언어화도 행동화도 할 수 없습니다. 그러다 결국 우울증 같은 정신질환에 걸리게 됩니다.

> 고민이 심해지면 뇌가 피로해진다. 뇌가 피로해지면 관점 전환도, 언어화나 행동화도 불가능해져 더욱더 고민이 심해진다.

고민의 악순환은 바로 이렇게 발생합니다. 뇌의 피로가 고민의 근본 원인이라고 해도 과언이 아닙니다. 힘든 일을 겪은 이후 시간이 좀 흐르고 나서 '그때 왜 그런 사소한 일로 그렇게까지 힘들어했지?'라고 생각해본 적이 누구나 한 번쯤은 있을 겁니다. 그런데 그 이유는 의외로 간단합니다. 뇌가 피로 모드였기 때문입니다. 단지 그뿐입니다.

미국 펜실베이니아 대학 연구에 따르면 수면 시간을 6시간으로 줄여 2주간 지속하면 집중력이 떨어지고, 밤을 새운 것과 같은 상태가 된다고 합니다. 평소 수면 시간이 6시간 미만인 사람은 매일 밤을 새며 일하는 것이나 마찬가지라는 뜻입니다. 그런 상태에서는 좋은 대처법이 떠오를 리가 없습니다.

고민을 해소하기 위해서는 반드시 해야 할 일이 있습니다. 바로 내 몸을 내가 돌보는 것입니다. 많은 사람들이 '나는 뇌 피로 따위는 없다'고 생각하지만 한 연구에 따르면 피곤한 사람일수록 스스로 피곤하지 않다고 생각할 확률이 높다고 합니다. 그만큼 뇌 피로는 자각하기 어렵습니다. 일이 너무 바쁘거나 잠을 충분히 자지 못한 날이 며칠만 지속되어도 뇌는 피곤 모드가 되어 본래의 기능, 능력을 100% 발휘하기 어렵게 됩니다. 내 몸을 내가 잘 돌보는 것만으로도 많은 문제를 해결할 수 있습니다.

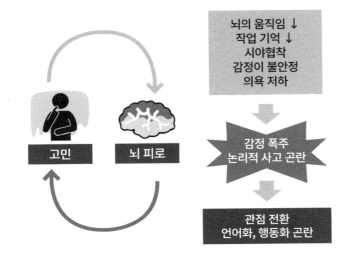

뇌 피로의 악순환

뇌 피로로 과민해진 경보

밤 시간에 긴급 재난 문자가 오면 가슴이 두근거립니다. 큰 지진인가 싶어 확인해보면 진도 2 정도의 가벼운 지진입니다. 한밤중에 이런 긴급 알림이 뜨면 '그만 좀 했으면'이란 생각이 듭니다. 만약 이런 일이 매일 일어난다면 어떻게 될까요? 매일 밤 긴급 알림이 울린다면……언제 또 울릴지 모르니 안심하고 잠을 잘 수 없을 겁니다.

뇌가 피로하다는 것은 지진계처럼 뇌의 위험 센서인 편도체가 과민해진 상태라는 말입니다. 그렇게 되면 아주 작은 위험에도 편도체는 즉각적으로 반응합니다. 편도체가 흥분해서 비상경보를 발령하면 불안, 걱정, 공포를 느낍니다. 매일 이런 부정적인 감정에 노출되면 뇌는 더욱 피곤해집니다. 그러면 편도체는 더욱 민감해지고 하루 종일 불안한 상태가 되는 것입니다. 한밤중에 진도 2의 긴급 지진 알림 문자가 오면 어떻게 대처해야 할까요? 지진을 완전히 없애야 할까요? 아닙니다. 지진계의 감도를 낮추기, 즉 정상으로 되돌리면 됩니다.

긴급 지진 알림이란 최대 진도가 5 이상으로 예상되는 지진이 발생했을 때, 진도 4 이상이 예상되는 지역을 대상으로 보낸다고 합니다. 만약 이런 조건에 부합할 때만 지진계가 작동한다면 경보가 울릴 일은 거의 없을 겁니다.

그렇다면 당신의 뇌에도 이런 경보의 기준을 세우면 어떨까요? 앞서 설명했듯이 편도체가 흥분하면 전두전야가 개입해서 진정시킵니다. 편도체라는 난폭한 말의 고삐를 잡고 있는 것이 전두전야입니다. 건강한 사람의 경우, 위험을 감지한

편도체가 흥분해도 전두전야가 논리적 판단으로 적절한 언어 정보를 보내면서 빠르게 편도체를 진정시킵니다.

예를 들어 산길을 걷다가 뭔가 길쭉한 것을 밟을 뻔했다고 상상해보세요. "꺄악, 뱀이다!"라고 소리를 지르겠죠. 하지만 자세히 보니 그냥 밧줄이었습니다. "아, 그냥 밧줄이었네. 뱀이 아니야." 이것이 논리적 판단(언어 정보)입니다. '이건 그냥 밧줄이다. 뱀이 아니다'라는 언어 정보가 편도체로 흡수되면 더 이상 무섭지 않습니다. 하지만 **뇌가 피로한 사람은 전두전야의 활동이 저하됩니다. 즉 편도체가 흥분하고 폭주해도 제어하는 역할을 잘 수행하지 못합니다.**

이렇게 뇌가 피로해진 사람은 밧줄이라는 것을 알고 나서도 여전히 식은땀이 나고 심장이 두근거립니다. '진짜 뱀이 나오면 어떡하지'라고 없는 걱정까지 만들어서 할 수도 있습니다. 고삐가 끊어진 상태에서는 편도체가 말을 듣지 않습니다. 불안감을 스스로 통제할 수 없는 거죠. 떨쳐버리려고 해도 자꾸만 불안과 걱정이 떠오르는 것은 바로 이 고장 난 메커니즘 때문입니다.

마음은 몸을 지배하고, 몸은 마음을 지배한다

"항상 걱정거리가 있어요."

"걱정과 부정적인 생각이 머릿속에서 떠나지 않아요."

뇌 피로가 완화되면 원인이 해소되지 않아도 뇌가 '불안 경보'를 울리지 않습니다. 사소한 일로 불안해하거나 걱정할 일이 없는 거죠. 그렇다면 뇌 피로를 개선하는 방법은 뭘까요? 그것은 바로 내 몸을 돌보는 것입니다. 이것을 구체적으로 말하자면 수면, 운동, 아침 산책, 그리고 휴식입니다.

▶ 양질의 수면을 7시간 이상 취한다.

▶ 운동은 하루 20분 빨리 걷기와 45분 이상의 중강도 운동(땀이 날 정도의 운동)을 1주일에 2~3회 이상 한다.

▶ 아침 산책을 통해 세로토닌을 활성화하고 생체 시계를 조절한다.

▶ 규칙적인 생활을 한다. 밤늦게까지 게임을 하거나 심야 드라마를 보는 것을 끊는다.

해결책이 너무 뻔한 것 아니냐고 생각할지 모르지만, 이것만 잘해도 마음은 상당히 건강해집니다. 불안과 걱정, 고민이 많은 사람이 가장 먼저 해야 할 일은 아침 산책입니다. 아침 산책의 효과는 엄청납니다. 아침 산책을 하면 세로토닌이 활성화되기 때문입니다.

세로토닌은 '햇볕을 쬐는 것', '리듬 운동', '씹는 행위'에 의해 활성화됩니다. 아침에 햇볕을 쬐면서 30분 정도 산책을 하고, 그 후 아침 식사를 잘 씹어 먹으면 세로토닌이 충분히 활성화됩니다.

가벼운 뇌 피로라면 이것만 1주일 정도 지속해도 불안해지는 횟수가 확연히 줄어듭니다. 1주일에 두세 번 아침 산책만 해도 큰 효과를 볼 수 있습니다. 햇볕은 세로토닌 공장의 업무 시작을 알리는 종소리입니다. 컨디션이 안 좋다고 대낮까지 잠을 자는 사람(집에서 뒹구는 사람)이나 재택근무 때문에 집 밖으로 한 발자국도 나가지 않는 사람의 몸에서는 이 세로토닌 공장이 가동을 하지 않습니다. 그러다 보니 세로토닌의 양이 너무 줄어드는 거죠.

이제 자기 몸을 돌보지 못했을 때 어떤 증상이 나타나는지 말씀드릴게요. 이 중 몇 가지에 해당된다면 뇌 피로, 세로토닌 부족을 의심해볼 수 있습니다. 체내에 세로토닌이 부족하

면 고민의 악순환에 빠지고 그것이 오래 지속되면 정신질환
으로 발전할 수도 있다는 걸 잊지 마세요.

몸을 돌보지 못한 사람의 증상

☐ 금방 불안과 걱정거리가 떠오른다.

☐ 부정적인 생각을 떨쳐버릴 수 없다. 기분 전환이 안 된다.

☐ 실수, 건망증이 심하다.

☐ 아침에 일어나기 힘들고 출근하기 싫다.

☐ 생각이 자꾸만 꼬리에 꼬리를 문다.

☐ 짜증이 나고 쉽게 화를 낸다.

☐ 피로가 풀리지 않는다. 쉽게 피곤해진다.

☐ 밤에 잠이 잘 안 오고 숙면을 취하지 못하며 자다가 여러 번 깬다.

☐ 낮에 계속 졸린다.

☐ 비정상적으로 식욕이 왕성하고 조절하기 어렵다.

☐ 게임이나 드라마 등을 끊을 수 없다.

☐ 음주량, 흡연량이 많다.

'행동할 수 없다'를
'행동할 수 있다'로 바꾸기

내가 지금 바꿀 수 있는 것은 무엇인가?

지금 당신의 집 정원에 거대한 돌이 1개, 작은 돌이 10개 굴러다닌다고 가정해봅시다. 정리 정돈을 위해 그 돌들을 치우려고 할 때, 대부분의 사람들은 가장 눈에 띄는 거대한 돌 1개를 우선 치우려고 할 겁니다. 하지만 거대한 돌은 그렇게 쉽게 치울 수가 없습니다. 너무 무거워서 자신의 힘으로 어찌할 수 없기 때문에 결국에는 "아, 어떡하지"를 연발하며 불필요한 에너지를 계속 쓰게 됩니다. 그런데 이때 지금 당장 내가 옮길 수 있는 작은 돌들에 주목하면 어떨까요? 그중에서 가장 가까운 데 있는 돌 하나를 치워봅시다. 그리고 또 하나를 치워보는 겁니다. 그렇게 되면 한 시간도 안 되어 돌 10개가 다 사라지고 어느 정도 정리 정돈을 할 수 있게 됩니다. 여기서 말하는 거대한 돌은 내가 통제할 수 없는 문제입니다. 그리고 작은 돌은 내 힘으로 바꿀 수 있는 문제입니다. 우선 내가 **바꿀 수 있는 부분, 내가 할 수 있는 것에 집중하는 것. 그것이 핵심입니다.**

중고등학교 시험에 비유하자면 '내가 아는 문제부터 풀라'는 말입니다. 그런데 성적이 좋지 않은 사람일수록 처음부터 순서대로 풀려고 하다가 힘든 상황에 처합니다. 모르는 문제에서 시간을 너무 끌다가 마지막에 남아 있는 5문제 정도는 손도 대지 못한 채 시간이 끝나버립니다. 만약 풀 수 있는 문제부터 풀었다면 이런 실수는 하지 않았을 겁니다.

고민이 생겼을 때, 힘든 일이 생겼을 때도 마찬가지입니다. 내 힘으로 해결할 수 없는 일에 대한 생각은 일단 제쳐두고 지금 내가 할 수 있는 일을 찾아보세요. 검색하기, 독서하기, 전문가에게 자문 구하기, 고민을 재설정하기 등등 당장 실천할 수 있는 것은 많습니다.

그렇다면 거대한 돌은 어떻게 해야 할까요? 내 힘만으로는 움직일 수 없는 것이니 사람들을 많이 불러서 옮기거나 중장비를 빌려야 합니다. 여건이 안 돼서 그렇게 할 수 없다면 그냥 정원의 풍경으로 받아들이는 방법도 있습니다. 우선은 작은 문제, 내가 할 수 있는 일부터 해결하고, 여유가 생겼을 때 큰 문제에 착수하세요.

【행동을 유도하는 말】
할 수 있는 일을 할 수 있는 범위 내에서 하기

'행동화'에서 또 한 가지 중요한 점은 어디까지나 할 수 있는 일을 행동으로 옮겨야 한다는 것입니다. 많은 사람들이 행동으로 옮기지 못하는 건 애초에 목표를 너무 크게 잡았기 때문입니다.

예를 들어 우울증에 걸린 사람이라면 목표를 '우울증 완치'로 잡는 거죠. 이것은 너무 높은 목표를 잡은 겁니다. 이때는 목표를 잘게 쪼개서 지금 당장 행동할 수 있는 걸로 재설정해야 합니다. 이를테면 '1주일 동안 15분 아침 산책을 해본다'로 바꾸면 됩니다. 우울증을 완치한다는 목표는 막연하지만 이렇게 잘게 쪼개서 구체적으로 행동할 수 있게 만들면 바로 실천해볼 동력이 생깁니다. 만약 15분이 어렵다면 5분이라도 좋습니다. 5분만 아침 산책을 해보세요. 우울증을 치료하기 위해 지금 당장 내가 할 수 있는 목표를 또 생각해본다면 정기적으로 병원에 간다, 약을 제때 먹는다, 담당 의사를 신뢰한다, 담당 의사에게 상담을 받는다, 7시간 이상 수면을 취한다, 규칙적인 운동을 한다, 규칙적인 생활을 한다, 낮잠을 자지 않는다, 밤을 새지 않는다, 금주한다, 여유를 갖는다, 나를 행복하게 만드는 생각을 한다, 휴식을 취한다, 직장 복귀를 서두르지 않는다 등이 있습니다.

이것 외에도 자신이 당장 할 수 있는 것을 찾아서 하나하나 실천해보세요. 아무리 게으른 사람이라도 지금 당장 할 수 있는 일은 있습니다. 그 일을 찾았다면 자신이 할 수 있는 범위 내에서 하면 됩니다.

행동하면 불안이 사라진다

그렇다면 행동으로 빨리 옮기는 게 왜 이렇게 중요할까요? 행동하면 편도체가 진정되기 때문입니다. 그러면 불안과 걱정을 원천적으로 차단할 수 있습니다.

원래 편도체의 역할은 위험을 감지하는 것입니다. 극단적인 예를 든다면 맹수와 마주쳤다고 생각해보세요. 그러면 편도체가 흥분하고 노르아드레날린을 분비합니다. 그러면 뇌가 활성화되어 순간적으로 집중력, 판단력이 최고조에 달하고 '싸울 것인가, 도망칠 것인가'를 바로 판단합니다. '위험해, 도망쳐!'라고 명령을 내리면 바로 행동으로 옮깁니다. 일단 행동으로 옮기면 편도체는 잠잠해집니다. **행동을 취하면 불안은 가라앉고, 아무것도 하지 않으면 불안과 공포가 더 심해지는 것. 이게 바로 우리 뇌의 구조입니다.**

그런데 많은 사람들이 힘들 때 로댕의 '생각하는 사람'처럼 방에 틀어박혀버립니다. 이런 상태로 너무 오래 있으면 오히려 불안은 증폭되고 고민이 더욱 꼬여버립니다. 몸을 움직이면 오히려 불안이 사라집니다. 그리고 고민도 해소됩니다.

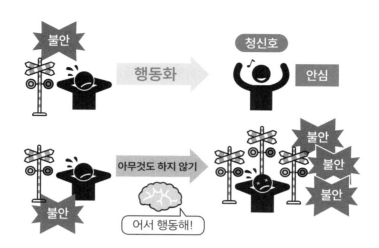

행동하면 불안이 사라지는 이유

【미래에 대한 불안을 없애는 말】

그렇게 되지 않기 위해 지금 할 수 있는 일은?

그럼에도 불구하고 "앞날에 대한 불안 때문에 지금 할 수 있는 일에 집중할 수가 없어요"라고 말하는 사람이 있습니다. 앞에서도 과거를 떨쳐낼 수 있는 말을 소개했는데 과거에 집착하는 사람이 있는 반면, 미래에 얽매여 불안해하는 사람도 많습니다. 이제 여기서는 미래에 대한 불안을 없애는 말에 대해 말씀드리겠습니다.

"치매에 걸리면 어떡하지."

> ▶ "그렇게 되지 않기 위해 지금 내가 할 수 있는 일은?"
> ▶ "오늘 내가 할 수 있는 일은?"

치매는 운동으로 예방할 수 있기 때문에 지금 당장 내가 할 수 있는 일로 우선 '매일 아침 5분 산책'을 생각할 수 있습니다. 이렇게 대처법을 실행하면 불안은 훨씬 줄어듭니다. 치매에 걸릴까 봐 걱정을 하면서도 아무 행동도 하지 않기 때문에 더 불안해지는 것입니다.

"노후 자금이 걱정이에요."

> ▶ "그럼 지금 내가 할 수 있는 일은?"
> ▶ 우선 돈에 대해 공부한다. 돈 관련 책을 한 권 읽어본다.

▶ 소액으로 시작할 수 있는 부담 없는 투자부터 시작해본다.

돈 때문에 고민하는 사람도 많습니다. 그런데 막상 "노후자금을 위해 무엇을 하고 있나요?"라고 물으면 아무것도 하지 않는다는 사람이 의외로 많습니다. 아무것도 하지 않으니 불안한 건 당연한 거 아닐까요? 이것도 마찬가지입니다. 지금 당장 내가 할 수 있는 걸 하면 됩니다. 돈에 대해 공부하고 하지 않던 투자도 해보는 겁니다. 돈에 대해 공부하면 돈을 통제할 수 있습니다. 적어도 통제감이 생기면 마음이 안정됩니다. 지금 당장 큰돈을 벌지 못해도 불안감은 줄일 수 있습니다.

그렇게 되지 않기 위해

지금 할 수 있는 일은?

오늘 할 수 있는 일은?

내가 할 수 있는 일은?

해야 할 일과 그만둘 일,
GO & STOP

지금까지 고민이 많은 사람이 해야 할 일에 대해 자세히 말씀 드렸습니다. 그런데 고민 해소를 위해서는 하지 말아야 할 일도 있습니다. 그것은 바로 스마트폰 과다 사용, 밤샘, 과음, 험담, 부정편향입니다. 이 모든 것은 뇌를 더욱 피로하게 만듭니다. 당장 그만두지 않으면 아무리 관점 전환과 언어화를 열심히 해도 고민은 해소되지 않습니다. 바꾸고 싶다고 해서 잘 바뀌지 않는 것이 생각과 습관입니다. 하지만 만약 조금씩 바꿀 수 있다면 삶 또한 바꿀 수 있습니다. 이제 해야 할 것(GO)과 그만둘 것(STOP) 5가지를 소개하겠습니다. 이것을 실천할 수 있다면 당신의 삶은 점점 더 나아질 것입니다.

① GO 바르게 읽기
STOP 선입견을 갖고 읽기

3장에서 고민을 해소하기 위해 인터넷 검색을 하라고 말씀드렸는데요. 그렇다면 실제로 검색이나 책을 통해 고민을 해결하는 사람은 얼마나 될까요? 제 트위터 계정에서 조사를 해봤습니다. 결과는 제 예상과 정반대였습니다. 검색이나 책을 통해 문제를 해결하는 사람이 20~30% 정도일 거라 예상했는데, 설문조사 결과 70~80%나 되었습니다. 이 결과는 무엇을 말해줄까요? 서두에서 소개한 것처럼 고민을 해결하지 못하는 사람은 80%입니다. 즉, 70~80%의 사람들이 인터넷 검색이나 책을 통해서도 고민 해소를 못한다는 것입니다. 저는 이 결과를 보고 글을 읽어도 제대로 해석하지 못하는 사람들이 많은 건 아닐까 하는 의심이 들었습니다. 뭔가를 '제대로 읽는다'는 것은 다음과 같은 조건을 충족해야 합니다.

> ▶ 문법에 따라 올바르게 읽기.
> ▶ 저자가 전달하고자 하는 문맥을 읽기.
> ▶ 저자의 의도를 제대로 이해하기.

▶ 선입견, 고정관념을 버리고 중립적으로 읽기.

이를 '정독(正讀)'이라고 부르겠습니다. 아무래도 요즘은 정독을 하지 못하는 사람이 많은 것 같습니다. 글의 내용을 제대로 이해하지 못하면 아무리 많이 읽어도 소용이 없습니다. 잘못 이해한 채 행동으로 옮기면 오히려 역효과만 낳습니다. 가끔 제 책의 독자 리뷰에 별 1개짜리가 달려서 읽어보면 '이런 내용은 책 어디에도 없는데'라는 생각이 들 때가 있습니다. 저자의 의도와는 전혀 다르게 이해하고 혼자 분노하는 분들이 간혹 있습니다. 선입견을 가지고 독서를 하면 자신의 고정관념대로만 이해할 수밖에 없습니다. 그렇게 되면 새로 배우는 것이 없으니 성장할 수도 없습니다. 오히려 마이너스입니다.

트위터에서 벌어지는 토론이나 논쟁을 보면 그저 상대방 발언을 트집 잡는 데 급급한 경우가 많습니다. 정상적인 독해력을 발휘한다면 그렇게 쓸데없는 논쟁은 할 필요도 없을 텐데 말이에요.

트위터의 세계에서는 감정이라는 색안경을 끼고 의도를 오해하는 사람들이 많습니다. OECD가 실시한 국제학업성

취도평가(PISA, 2018)에서 일본의 15세 독해력은 15위였습니다. 그 전 조사에서는 8위였으니 순위가 크게 떨어진 것입니다.

> "인터넷에 나온 발달장애 진단을 해봤더니 증상 리스트 중 3개나 해당되었어요. 혹시 저도 정말 발달장애면 어떡하죠? 너무 걱정이 돼서 불안해요."

앞서도 소개했지만, 최근 스스로 발달장애를 의심하는 분들이 정말 많이 늘어났습니다. 예를 들어 ADHD의 진단 기준(DSM-5)은 인터넷의 여러 사이트에 소개되어 있는데, '증상 리스트 중 6개 이상에 해당되어야 한다'고 적혀 있습니다.

보통의 독해력을 갖고 있다면 증상 리스트 중 3개에 해당되는 경우니까 ADHD가 아닌 걸로 이해하면 됩니다. 참고로, 2, 3개 정도는 누구나 다 해당됩니다. 그럼에도 완전히 반대로 이해하고 혼자서 불안과 두려움에 빠집니다. 오독으로 스스로 고민과 걱정을 만들어내는 것입니다. **검색과 독서는 고민과 불안을 줄이고 해소하는 데 매우 효과적인 방법입니다. 하지만 그 내용을 잘못 읽고 잘못 이해하면 오히려 불안과 걱정의 씨앗을 키우고, 고민은 더 깊어집니다.** 그렇다면 본말이 전도된 것입니다.

스마트폰과 인터넷의 보급으로 누구나 순식간에 중요한 정보를 얻을 수 있는 시대가 되었습니다. 제대로 읽고 제대로 이해하기만 하면 불안과 걱정은 줄어들고 대처법도 알게 되어 고민은 쉽게 해소될 수 있습니다.

그렇다면 독해력을 기르는 좋은 방법은 뭘까요? 생각보다 간단하고 쉬운 방법이 있습니다. 그것은 **책을 읽고 나서 리뷰를 써보는 것입니다. 우선 딱 3권이라도 시도해보세요. 독해력은 반드시 향상됩니다.** 저는 신간을 낼 때마다 독후감을 공모하는 '독후감 캠페인'을 진행하고 있는데, 두세 번 응모한 사람들은 책을 읽는 힘이 압도적으로 깊어지고, 글쓰기와 아웃풋 능력도 눈에 띄게 향상됩니다. 스스로 독해력이 부족하다고 느낀다면 책을 읽는 것으로 끝내지 말고 리뷰를 한번 써보세요. 우선 이 책의 리뷰부터 써보는 것은 어떨까요?

부정편향에서 벗어나는 방법

스마트폰 사용 시간이 길고 인터넷 검색을 많이 하는 사람 중

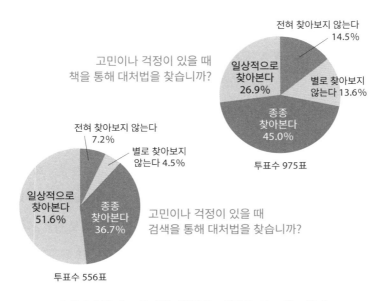

고민이나 걱정이 있을 때
책을 통해 대처법을 찾습니까?

전혀 찾아보지 않는다
14.5%

일상적으로
찾아본다
26.9%

별로 찾아보지
않는다 13.6%

종종
찾아본다
45.0%

투표수 975표

전혀 찾아보지 않는다
7.2%

별로 찾아보지
않는다 4.5%

일상적으로
찾아본다
51.6%

종종
찾아본다
36.7%

고민이나 걱정이 있을 때
검색을 통해 대처법을 찾습니까?

투표수 556표

검색이나 독서로 문제를 해결하는 사람은 어느 정도일까?

에는 특히 불안한 정보, 부정적인 정보만 모으는 분들이 있습니다. 애초에 인터넷에는 (TV 등의 언론도 마찬가지지만) 사람을 행복하게 하는 정보보다 부정적인 정보, 불안을 조장하는 뉴스가 압도적으로 많습니다. 왜 그럴까요? 더 많은 클릭수를 확보해야 접속자가 많아지고 광고 수입이 늘어나기 때문입니다. 이는 모든 온라인 서비스의 기본적인 사업 모델입니다.

부정적인 정보에 더 관심을 기울이는 것(부정편향)**은 인간의 본능이기 때문에 이를 자극하는 뉴스가 많은 것은 어쩌면 당연한 일일지도 모릅니다.**

또 내가 아는 정보가 부족하면 불안감은 높을 수밖에 없습니다. 따라서 불안한 사람이 검색을 자주 하는 것은 당연한 심리입니다. 하지만 결과적으로 더 불안해지는 정보를 모으고 있다면 이는 본말이 전도된 것입니다. **정보는 중립적으로 수집해야 합니다. 아니, 불안한 사람은 자신을 안심하게 해주는 정보만을 수집해야 합니다.** 그러나 인터넷에는 부정적인 정보뿐만 아니라 부정확한 정보, 오해를 불러일으키는 정보가 넘쳐납니다. 검색을 통해 단편적인 정보만 수집하다 보면 오히려 부정편향 때문에 마음을 불안하게 만드는 정보만 모으게 됩니다. 그래서 저는 불안이 심한 분에게는 인터넷 검색은 권하지 않습니다. 그 대신 독서를 추천합니다. 한 권의 좋은 책에는 사물의 긍정적인 면과 부정적인 면이 모두 균형 있게 담겨 있습니다. 독서는 문제 해결 능력과 회복 탄력성을 높이고 심신 건강에도 도움이 됩니다.

독서가 습관이 된 사람은 고민이나 문제가 생겼을 때 '책을 읽으면 문제가 해결된다'는 것을 알고 있습니다. 그래서 독서를 통해 신속하게 효과적인 대처법을 찾고, 즉시 행동으로 옮겨서 문제를 해결합니다. 이런 이야기를 하면 "멘탈이 나쁜 상태에서 어떻게 책을 읽을 수 있죠?"라고 묻는 분들이 있습니다. 물론 고민이 깊어져서 뇌가 피로하거나 정신질환이 생기면 독서에 집중하기 힘들 수도 있습니다. 그래서 평소 건강할 때 독서를 습관으로 만들어두는 게 좋습니다.

이 책과 함께 고민 해소를 다룬 책을 몇 권 더 읽어두면, 고민이 생겼을 때 '아, 그 책에 대처법이 나와 있었지'라고 상기하면서 쉽게 문제를 해소할 수도 있습니다.

② **GO 멍하게 있기**
　 STOP 스마트폰 오래 사용하기

고민의 가장 큰 원인 중 또 하나는 바로 스마트폰을 과다하게 사용하는 습관입니다. 회사에서도 휴식 시간만 되면 바로 스마트폰을 보는 사람들이 많습니다. 이것은 반드시 끊어야 하고 버려야 할 나쁜 습관입니다. 인간의 뇌는 전체 자원의 80~90%를 시각 정보 처리에 사용한다고 합니다. 당신도 사무실에서 컴퓨터 작업이나 자료 작성으로 눈을 혹사시키고 있을 겁니다.

이미 근무시간 중에 시각 정보로 눈이 많이 지쳐 있는 상태인데 휴식 시간에 또다시 눈을 과도하게 사용하면 그것은 휴식이 아닙니다. 그저 피로를 쌓는 행위일 뿐입니다. 이미 전력 질주하고 있는 말에게 또 채찍질을 하는 것이나 다름없는 거죠. 이 사실을 지금 많은 사람들이 알고 있음에도 언제 어디서나 거의 모든 사람들이 스마트폰만을 들여다보고 있습니다. 물론 스마트폰 없이 살 수는 없을 겁니다. 하지만 눈을 혹사시킬 정도로 남용하는 것을 경계하세요. 그러기 위해서는 좀 멍하게 있는 시간을 늘려보는 것을 권합니다.

'멍하게 있기'는 뇌 과학적으로도 매우 중요한 행동입니다. **별다른 일을 하지 않고 멍하게 있으면 뇌에서는 '디폴트 모드 네트워크(DMN)'가 활발하게 작동합니다.** 이것을 다른 말로 하면 '뇌의 대기 상태'라고 할 수 있습니다. 이 상태에서는 앞으로 자신에게 일어날 수 있는 일을 시뮬레이션하거나 과거의 경험이나 기억을 정리, 통합하고 현재 처한 상황을 분석합니다. 여러 가지 이미지와 기억을 떠올리면서 뇌에서는 더 나은 삶을 만들기 위한 준비를 합니다.

뇌는 당신이 의식하지 않는 와중에도 다양한 문제를 해결하고 있습니다.

실제로 아무 생각 없이 멍하니 있다가 '그러고 보니, ○○을 해야겠네!'라는 생각이 퍼뜩 떠오르는 경우가 있습니다. 이때가 바로 DMN이 활동한 순간인 거죠. 가끔은 멍하게만 있어도 DMN이 알아서 작동하면서 당신의 고민을 해소해주고 있는 겁니다. 그런데 쉴 틈 없이 계속 스마트폰을 들여다보면 어떻게 될까요? 아무리 뇌가 이런 훌륭한 기능을 갖고 있어도 쉴 틈이 없어지면 능력 발휘를 할 수 없습니다. 쉬는 시간, 지하철 안, 공원 벤치, 푸른 하늘 아래서 그냥 멍하게 있어보세요. 의식적으로, 적극적으로 '멍하게 있기'를 실천해보세요. 이런 자투리 시간에 DMN을 활성화하겠다고 마음을 먹으면 분명 멍하게 있는 시간을 만들 수 있을 겁니다. 저에게는 사우나가 최고의 DMN 활성화 시간입니다. 사우나나 목욕 후의 휴식 시간 10분 동안 상상하지도 못했던 귀중한 영감을 얻을 수 있습니다. 멍하게 있는 시간은 낭비가 아닙니다. 일석이조, 일석삼조의 궁극적인 시간 활용술입니다.

고민을 해소하고 싶다면 스마트폰을 내려놔라

지금 하는 고민을 정말로 해소하고 싶다면 가장 먼저 해야 할 일은 스마트폰을 보지 않는 것입니다. 완전히 끊는 것이 어렵다면, 하루 2시간 이하로 줄여야 합니다. 만약 그것도 힘들다면 최소한 다음 5가지를 지켜보세요.

> ▶ 휴식 시간에 스마트폰 보지 않기.
> ▶ 지하철 안에서 스마트폰 보지 않기.
> ▶ 화장실에 스마트폰 갖고 들어가지 않기.
> ▶ 식사 중에 스마트폰 보지 않기.
> ▶ 침대에 누워서 스마트폰 보지 않기.

당신에게는 멍하게 있는 시간이 필요합니다. 멍하게 있는 시간은 뇌의 피로를 빠르게 회복시켜 줍니다. 그리고 스마트폰을 사용하지 않을수록 당신의 고민 해소 능력, 문제 해결 능력도 좋아집니다. **특히 잠들기 전 2시간은 절대 피해야 합니다.** 스마트폰의 블루라이트는 아침의 파란 하늘에서 나오는 파장이기 때문에 밤에 스마트폰을 보면 뇌는 아침이 되었

다고 착각합니다. 수면 물질인 멜라토닌을 빠르게 억제하여 잠기운이 사라지게 만듭니다. 게다가 아침에 나오는 전신 활력제 코르티솔을 분비하게 만듭니다. 그러면 심신이 모두 '이제부터 바쁘게 움직이자!'라는 전투태세를 갖추게 됩니다. 그런 상태에서 불안한 정보를 수집하게 되는 것이니 편도체가 흥분하여 숙면을 취할 수가 없습니다. 제대로 잘 자면 뇌의 피로는 완화됩니다. 하지만 그럴 수 없게 되면 뇌에는 피로 물질이 쌓이게 됩니다. 『인스타 브레인』안데르스 한센, 동양북스, 2020. 일본에서는 'スマホ脳(스마트폰 뇌)'라는 제목으로 출간되어 여러 서점 종합 1위를 차지하고 100만 부 넘게 판매되었다-옮긴이이라는 책이 베스트셀러가 되었는데, '인스타 브레인'이라는 말을 다른 말로 하면 '불안한 뇌'입니다.

뇌가 불안한 상태에 빠져 있는 사람은 관점을 전환해도, 언어화를 해도 소용이 없습니다. 스마트폰 사용량을 줄이는 것만으로도 고민의 상당 부분은 해소될 수 있습니다. 아무리 못해도 불안과 걱정, 부정적인 감정은 크게 줄어들 것입니다.

③ GO 규칙적인 생활
STOP 밤샘

필요한 것은 흥분보다 휴식입니다. 밤늦게까지 게임이나 드라마에 열중하는 것은 스트레스가 많은 사람들의 공통된 행동입니다. 뇌가 흥분 상태가 되면 이불 속에 들어가도 금방 잠이 오지 않습니다. 이런 하루가 반복되면 어김없이 수면 부족 상태가 됩니다. 그러면 뇌에 피로 물질이 쌓이고, 스트레스가 늘어나 고민 해소를 더욱 어렵게 만듭니다. 그렇다면 왜 스트레스가 많은 사람일수록 게임이나 드라마에 빠져드는 걸까요? 일이 바쁘고 인간관계에 시달리는 사람일수록 집에 돌아오면 몸과 마음이 피곤합니다. 운동을 하거나 책을 읽기에는 너무 지친 상태인 거죠. 하지만 게임이나 드라마는 피곤해도 몰입할 수 있습니다. 또 여기에 몰입하는 시간만큼은 하루 동안 벌어진 기분 나쁜 일을 생각하지 않아도 됩니다. 일종의 도피처가 되어주기 때문이죠. 이런 이유로 스트레스가 많은 사람일수록 게임이나 드라마에 더욱 빠져듭니다. 물론 게임이나 드라마가 무조건 나쁘다는 게 아닙니다. 저도 넷플릭스나 아마존 프라임을 정말 좋아합니다. 하루에 2시간을 넘지 않는다면 즐거운 오락으로 생각해도 괜찮습니다. 하지만 게임이나 드라마는 중독성이 있어서 쉽게 끊을 수 없다는 게 문제입니다. 장시간 계속 보다 보면 뇌가 피로에 젖어듭니다. 또한 어떤 게임, 어떤 드라마를 보느냐에 따라 약간 다르긴 하지만 재미와 흥분을 동반하는 소재라면 몸에서는 도파민과 아드레날린이 분비됩니다. 이렇게 사람을 긴장하게 만드는 내용을 보면서 밤을 새는 것은 건강에 치명적입니다. 생체의 리듬 감각을 깨뜨리기 때문이죠. 이런 일이 장기화되면 각종 질환에 걸릴 확률도 높아집니다.

너무 뻔한 말일지도 모르지만 규칙적인 생활을 하는 건 정말 중요합니다. **여기서 규칙적인 생활이란 매일 같은 시간에 자고, 같은 시간에 일어나는 것을 말합니다. 수면은 7시간 이상을 권장하며, 6시간 미만이면 수면 부족입니다.** 잠을 제대로 자지 못하면 뇌에 노폐물이 쌓여서 스트레스가 배가된다는 사실을 꼭 기억하세요.

④ GO 금주, 적당한 음주

　STOP 과도한 음주

스트레스를 받는 사람이 가장 쉽게 취할 수 있는 행동은 술을 마시는 것입니다. 제 트위터 조사에 따르면 '술은 스트레스 해소에 필요한가?'라는 질문에 '그렇다'고 답한 사람이 29.3%였습니다. 30% 정도의 사람들이 술을 스트레스 해소 수단으로 인식하고 있는 거죠. 하지만 **술을 마셔도 스트레스가 해소되기는커녕 오히려 '스트레스가 늘어난다'는 사실을 명심해야 합니다.**

　우선 술을 마시면 수면의 질이 나빠집니다. 수면 시간이 짧아지고 수면 자체도 얕아집니다. 특히 매일 술을 마시면 스트레스 호르몬 또한 증가합니다. 이는 이미 여러 연구에 의해 밝혀진 사실입니다. 또한 문제 처리 능력이 떨어지고, 스트레스 대처 능력도 떨어집니다. 참고로 정신질환에 걸려 치료 중인 분들에게 저는 "금주하지 않으면 병을 고칠 수 없다"고 말해줍니다.

　술을 마시는 한 수면의 질이 계속 좋지 않기 때문에 상태가 좋아질 리 만무합니다. 하지만 매일 술을 마시는 사람에게는 이런 말을 해도 소용이 없을 때가 많습니다. 마시는 양을 줄이라고 권해도 제 경험상 이것을 지키는 사람은 몇 안 됩니다. 만약 매일 술을 마시고 있다면 지금 당장 술을 한 방울도 마시지 않는 날, 즉 무(無)알코올의 날을 만드세요. 그리고 이런 날을 1주일에 이틀(가급적이면 이틀 연속으로)로 늘려보세요. 처음부터 아예 술을 끊는다거나 하기보다는 1주일에 이틀이라도 마시지 않으면서 텀을 두면 결과적으로 음주량도 줄어들 수 있습니다.

⑤ GO 긍정적 시각
STOP 부정편향

하루 동안 10개의 사건이 있었다고 합시다. 그중 5개는 즐겁고 긍정적인 사건이고 나머지 5개는 힘들고 괴로운 부정적인 사건이었습니다. 하루가 끝났을 때 이 중에서 3가지 사건을 떠올린다면 당신은 어떤 것을 고르시겠습니까? 긍정적인 사건 3가지를 떠올리는 사람은 오늘이 즐겁고 행복한 하루였다고 생각할 것입니다. 또 부정적인 사건 3가지를 떠올리는 사람은 오늘이 고단하고 힘든 하루였다고 생각할 것입니다. 같은 하루를 보내도 어떤 사람은 행복하다고 느끼고, 어떤 사람은 고단하다고 느낍니다.

부정편향이 강한 사람은 고민이 한 가지 해소되더라도 바로 다음 고민을 떠올립니다. 이러면 평생 고민에서 벗어날 수 없습니다. 고민에서 벗어나 행복하게 살기 위해서는 부정편향을 버리고 긍정적으로 생각을 전환하는 것이 필수입니다. 일상에서 벌어지는 작은 일들 속에서도 즐겁고 기쁘고, 누군가 나를 지지해주는 느낌, 사랑받고 있는 느낌을 얼마든지 발견할 수 있습니다. 어떤 사람 안에서도 장점과 특기, 재능, 그리고 무한한 가능성을 발견할 수 있습니다. 하지만 아무리 재능이 있어도 부정편향으로만 세상을 바라보면 그것들이 전혀 눈에 들어오지 않습니다. **부정적인 시각을 긍정적으로 전환하는 것. 이것만 잘해도 일상은 달라집니다. 7장에서 소개한 세 줄 긍정일기만 실천해도 당신의 하루하루는 상당히 달라질 것입니다.**

【부정을 긍정으로 바꾸는 말】

부정편향을 버리는 방법은 부정적인 말을 버리고 가능한 한 긍정적인 말을 많이 쓰는 것입니다. 부정적인 말을 한 번 했다면, 긍정적인 말은 세 번 이상 해야 행복이 상승합니다. 하지만 의식적으로 안 하려고 해도 무심코 부정적인 말이 튀어나올 때도 있습니다. 그럴 때 사용하면 좋은 말 3가지를 알려드립니다.

① 모든 것을 무마하는 접속사, '그렇기는 한데'

"절대 안 돼!"라는 말이 튀어나와버렸다면 바로 '그렇기는 한데'라는 말로 수습해보세요.

"그렇기는 한데, 할 수 있는 범위 내에서 해보자."

"그렇기는 한데, 뭔가 할 수 있는 일이 있지 않을까?"

이렇게만 말해도 뒤에 긍정적인 말을 할 수밖에 없는 상황이 만들어집니다.

② 과거를 떨쳐버리는 궁극의 말, '그건 그렇고'

나도 모르게 나와버린 부정적인 말을 무마시킬 수 있는 말이 있습니다.

"어떻게 해야 할지 모르겠어. 포기 상태야!"라고 말했다면, '그건 그렇고'라는 말로 얼른 무마시켜 보세요.

"그건 그렇고, 대처법을 알아볼까?"

"그건 그렇고, 배고프니까 밥이라도 먹으러 가자."

이 말을 하고 나면 사고의 전환, 기분 전환, 상황 전환을 부드럽게 할 수 있게 됩니다.

③ 역접의 접속사, '그래도'

아무리 앞에 부정적인 말이 있어도 중간에 '그래도'를 쓰게 되면 순식간에 긍정적인 분위기로 바꿀 수 있습니다.

"나는 못난 인간이야. 그래도 할 수밖에 없잖아!"

"나는 못난 인간이야. 그래도 이번만큼은 해낼 거야!"

이렇게 '그래도'라는 말은 분위기를 역전시키는 데 강합니다. 물론 앞에 긍정문이 오는데 '그래도'를 쓰게 되면 부정편향이 강한 사람이 더 부정적인 이야기를 하게 되기도 합니다. 바로 아래 문장처럼 말입니다.

"친구에게 힘든 일을 다 털어놓았다. 그래도 나는 아직 화가 난다"

그만큼 일상적으로 우리에게 친숙한 접속사이기 때문이죠. 비슷한 표현으로 '그럼에도'도 좋습니다.

"죽고 싶다. 그럼에도 나는 아직 살아 있다."

"정신과에서 주는 약 따위는 그만 먹고 싶다. 그럼에도 병을 치료하려면 먹을 수밖에 없다."

무심코 절망적인 말이 튀어나와버렸을 때, 기분을 전환시켜 주는 말이 바로 '그럼에도'입니다. "이런 말을 하는 것만으로 부정편향이 없어질까요?"라고 말하는 사람도 있겠지만 의도적으로 이런 말들을 자주 쓴다는 것은 긍정적인 시각을 가지려고 노력한다는 뜻입니다. 만약 이런 언어 습관이 생활화된다면 점점 긍정적인 시각이 몸에 밸 수 있을 겁니다.

부정을 긍정으로 바꾸는 말

그렇기는 한데

그건 그렇고

그래도(그럼에도)

- 9장 -
고민이 사라지는
궁극의 방법

여기까지 읽은 것을 모두 실천해도 고민이 사라지지 않는다
는 분들이 있을 수 있습니다. 그렇다면 마지막 중의 마지막
수단 '고민이 사라지는 궁극의 방법'을 알려드리겠습니다.

고민이 사라지는 궁극의 방법①
포기하기

포기, 할 수 있는 일과 할 수 없는 일을 구분하는 것

혼자 고민하며 어떻게 해야 할지 알 수 없을 때, 다른 사람에게 털어놔도 해소가 되지 않을 때, 어떻게든 해보려고 했지만 어쩔 수 없을 때, 이럴 때는 포기하면 됩니다.

'포기'라는 말이 부정적으로 들리는 분들도 많을 겁니다. 아마도 어렸을 때부터 부모님이나 선생님으로부터 "끝까지 포기하지 마!", "포기하면 끝이야!"라는 말을 자주 들었기 때문이겠죠. 그런데 '포기하다(あきらめる)'라는 단어는 원래 불교 용어인 '분명히 보다(明らかにみる)'에서 나온 말입니다. 자

신이 할 수 있는 일과 할 수 없는 일을 분명히 파악하고 나서 포기한다, 내려놓는다는 뜻입니다. 혹은 원하는 것을 포기하는 것, 물건에 대한 집착과 고집을 버린다는 뜻입니다.

그런데 정말로 포기하면 마음이 자유로워집니다. '포기하다(諦める)'라는 단어에 쓰이는 한자, 살필 체(諦)를 사전에서 찾아보면 '살피다. 밝히다', '진실. 진리. 깨달음', '외치다. 울부짖다'라고 적혀 있습니다. 나쁜 뜻은 하나도 없습니다. 체념(諦念)이라는 말이 있습니다. '품었던 생각을 아주 끊어버린다'는 뜻인데 아쉬운 심정을 말하는 게 아니라 '할 수 있는 일과 할 수 없는 일을 분명히 구분한다'는 뜻입니다. 즉, 깨달음의 경지를 가리키는 말인 거죠.

사건이나 사물을 분명히 본다는 것은 선입견과 집착을 버리고 있는 그대로 보는 것입니다. 이 책에서 말하는 '중립적으로 보기'를 끝까지 밀고 나가면 '포기'라는 경지에 도달하게 됩니다.

포기는 '중단'이나 '내던지기'와는 다릅니다. 할 수 있는 일과 할 수 없는 일을 구분하는 것입니다.

내가 노력해봤자 어차피 통제할 수 없는 일에 대해 고민하는 것은 시간 낭비이자 정신 에너지 낭비라고 이미 여러 번 말씀드렸습니다. 정말로 어쩔 수 없는 일, 절대 해결할 수 없는 일이라면 더 이상의 몸부림과 노력은 고통스러울 뿐입니다.

포기란 계속 고민하는 것을 멈추는 것입니다. 부정적인 감정을 버리는 것입니다. 감정을 정리하고 다음 단계로 넘어가는 것은 결코 부정적인 행동이 아니라 매우 긍정적인 행동입니다. 이것이 바로 고민이 사라지는 궁극적인 방법입니다.

【감정이 정리되는 말】 어쩔 수 없지

도저히 포기할 수 없을 때, 과거의 사건이나 감정이 정리되는 말 3가지를 소개합니다.

"어쩔 수 없지."

부정적인 말이라고 생각하겠지만, '부정적인 단어+어쩔 수 없지', 즉 '부정×부정'이라면 '긍정'으로 바뀔 수 있습니다.

"스마트폰을 떨어뜨려서 깨졌어! 어쩔 수 없지. 깨진 화면은 원래대로 돌아갈 수 없어. 3년은 썼으니 이제 바꿔볼까?"

"손해를 봤네! 어쩔 수 없지. 이미 되돌릴 수 없으니 다음 일로 만회하자."

"뭐 어때", "그럴 수도 있지"도 똑같이 사용할 수 있습니다.

"스마트폰을 떨어뜨려서 깨졌어! 뭐 어때. 3년이나 썼으니 바꿀 수 있는 기회야!"

"뭐 어때"는 밝은 어조로 가볍게 말하는 것이 요령입니다. 실수 때문에 어두워지기 쉬운 분위기를 바꿀 수 있습니다.

"스마트폰을 떨어뜨려서 깨졌어! 그럴 수도 있지. 새 스마트폰은 바로 보호 스티커를 붙여야겠다."

"그럴 수도 있지"는 현실을 긍정하고 수용하는 말입니다. "만약에 좀 조심했다면 어땠을까"라는 말은 현실을 받아들이지 못하는 마음에서 비롯됩니다. "그럴 수도 있지"는 부정하는 마음을 수용하는 마음으로 바꿔줍니다. 현실을 긍정하고 자신을 긍정하기 때문에 다음 단계로 나아갈 수 있습니다.

감정이 정리되는 말

어쩔 수 없지

뭐 어때

그럴 수도 있지

고민이 사라지는 궁극의 방법②
그만두기, 버리기

내 길이 아닐 때는 빨리 포기하는 게 낫다

'삼십육계(三十六計)'라는 말이 있습니다. 형세가 불리할 때는 이것저것 따지는 것보다 도망치는 것이 최선이라는 뜻으로, 이 말에는 배경이 있습니다.

중국 위진남북조 시대의 병법서 중 『병법삼십육계』라는 책이 있습니다. 병법 전술을 총 36개로 분류한 것입니다. 그 중 마지막 36번째 전략이 바로 '주위상(走爲上)'인데, '만병통치약이 다 떨어졌을 때는 도망치는 것이 최선이다'라고 적혀 있습니다.

35개의 전략을 모두 다 쓰고도 이길 수 없을 때는 최후의 수단으로 빨리 도망치라는 말입니다. 무리하게 싸우고 나서 진다면 나에게도 좋을 게 없기 때문이죠.

일단 도망쳐서 다시 전열을 가다듬고 병력과 무기를 보강해 다음 전투에서 이기면 됩니다.

말만 들으면 당연한 소리처럼 들리겠지만, 이렇게 하지 못하는 사람이 대부분입니다. 학교나 회사에서도 "중간에 포기하지 마! 끝까지 해내야 돼!"라는 말을 자주 듣습니다. 뭐든지 기력과 근성으로 이겨낼 수 있다는 옛날 이론에서 벗어나지 못한 조직이 아직도 많습니다. 공부나 스포츠에서 쉽게 포기하는 것은 안타까운 일입니다. 가로막힌 벽은 그것을 넘어야만 행복해질 수 있는, 성장의 기회이기 때문입니다. 하지만 사회에 나와서 업무상 어려움에 직면했을 때는 어쩔 수 없는 경우가 의외로 많습니다. 그런데도 계속 "포기하지 마! 힘내!"만 외친다면 어떻게 될까요? 저는 악덕 기업에서 일하다 정신병에 걸린 내담자들을 많이 봅니다. 그들은 모두 이렇게 말합니다.

"왜 병에 걸리기 전에 빨리 회사를 그만두지 않았을까요?"

성실한 사람일수록 잘 그만두지 못합니다. 그 결과 몸과 마음이 병듭니다. 더 나아가 자살이라는 최악의 사태에 이르는 경우도 많습니다. 지금 상황을 명확하게 판단한 후, 내 길이 아닐 때는 빨리 그만두는 것이 정말 중요합니다.

그만두는 것이 아니라 물러나는 것

개인뿐 아니라 회사도 마찬가지입니다. 신규 사업을 벌였는데 잘 풀리지 않을 때, 철수하려고 했지만 지금까지 투자한 비용이 아까워서 이도 저도 하지 못하는 사이 적자가 쌓여서 경영난에 빠집니다. 하지만 철수할 타이밍을 놓치면 회사가 도산할 수도 있습니다.

'일이 너무 바쁘고, 인간관계도 최악이라 회사를 그만두고 싶다.'

이런 생각이 들어도 퇴사를 결정하는 것은 쉽지 않습니다. 일단 그만둔다는 것에 부정적인 느낌이 있고 주위의 시선도 신경이 쓰이기 때문에 꽤나 용기가 필요한 일입니다. 그래서 이럴 때는 '이직'이라고 바꿔 말하는 게 좋습니다. '직장을 그만둔다'가 아니라, '다음 커리어를 위해 이직하자'라고 바꿔 말하면 됩니다. 그렇게만 해도 부정적인 분위기가 긍정적으로 전환됩니다.

'나쁜 습관을 끊자!' '담배를 끊자!'라는 생각은 그것을 의식하면 할수록 담배의 맛이 떠올라 더욱 피우고 싶어집니다. 이럴 때는 "나쁜 습관을 버린다", "흡연 습관을 버린다"라고 말해보세요. '끊다'를 '버리다'로 바꾸기만 해도 신기하게도 마음이 편해집니다. 만약 당신이 정말로 어쩔 수 없는 상황에 빠져 있다면 그 상황에서 '물러나는 용기'를 발휘하시기를 응원합니다. **그만두는 것이 아니라 물러나는 것입니다. 다음 경기를 준비하는 것입니다. 지금은 져도 다음에 이기면 됩니다.**

고민이 사라지는 궁극의 방법③
친절, 감사, 공헌

기브하면 기브가 돌아온다

신경증, 불면증에 시달리던 내담자가 아들러에게 물었습니다.

"어떻게 하면 이 고통에서 벗어날 수 있을까요?"

아들러는 이렇게 대답했습니다.

"다른 사람을 기쁘게 하는 일을 하세요. '내가 할 수 있는 일은 무엇일까. 어떻게 하면 다른 사람을 기쁘게 할 수 있을까'를 생각하고 그것을 행동으로 옮기세요. 그러면 신경증과 불면증은 사라지고 모든 것이 해결될 것입니다."

타인을 신뢰하고 타인에게 기여하면 자신의 자리를 찾게

됩니다. 아들러가 '행복해지는 유일한 방법은 타인에게 공헌하는 것'이라고 말했듯이, **아들러 심리학에서 제시하는 최고의 고민 해결법은 '타인에게 공헌하는 것'입니다.**

저도 30년간 정신과 의사로서 약 4000명의 고민을 듣고 답하며 얻은 결론은 '공헌이야말로 가장 강력한 고민 해결법'이라는 것입니다. 여러 가지로 고민이 많은 사람은 타인을 신뢰하지 못하고 자기중심적이 되어 자신의 이익만을 최우선으로 생각합니다.

저는 그런 사람을 '주세요 인간'이라고 부릅니다. 영어로 하면 '테이커(taker)'라고 할 수 있죠. 이들은 타인을 생각하지 않고 오로지 자기 자신만 생각하기 때문에 자신의 단점이나 지금 잘 풀리지 않는 일에만 집중합니다. 그러다 보니 고민이 줄어들지 않습니다. '주세요 인간'은 다른 사람들에게 외면당하고 미움을 받습니다. 늘 힘든 일이 생기고 인간관계도 나빠집니다. 자신의 이득만 생각하니까 어쩌면 이것은 당연한 결과입니다. 고백하자면 저도 처음 책을 냈던 13년 전에는 '주세요 인간'이었습니다.

지금 생각해보면 참 부끄럽게도 "제 책 좀 사주세요", "제 책 좀 소개해주세요"라며 만나는 사람마다 부탁을 하고 다녔습니다. 물론 제 책을 소개해주는 사람은 아무도 없었습니다. 생각해보면 당연한 일이죠. 하지만 그 당시에는 제가 쓴 책을 널리 알리고 싶다는 생각에 사로잡혀서 다른 사람의 생각 따위는 전혀 눈치채지도 못했습니다. 그러던 와중에 다른 작가들과 이런저런 교류를 하게 되면서 제가 먼저 동료 작가들의 책을 소개하게 되었습니다. 그랬더니 다른 저자나 인플루언서들이 점점 제 책을 소개해주기 시작했습니다.

내가 먼저 '기브(give)'하면 '기브'가 돌아옵니다. 심리학에서 말하는 '호의의 반복성 법칙'입니다. 대가나 보답을 바라지 않고 타인에게 공헌할 수 있게 되자 점점 일이 잘 풀리기 시작했습니다.

친절과 감사의 뇌 과학

'남을 도우면 일이 잘 풀린다.'

자기계발서에서 흔히 볼 수 있는 문장입니다. 지겹다는 사람도 있을 것입니다. 하지만 이 말은 뇌 과학적으로도 맞는 말입니다. 공헌이란 타인을 친절하게 대하는 것입니다.

고통에서 벗어나는 방법은 단 하나.
다른 사람을 기쁘게 하는 것이다.
내가 할 수 있는 일을 생각하고,
그것을 실행하면 된다.

_알프레드 아들러(심리학자)

타인을 친절하게 대하면 옥시토신이 분비됩니다. 친절을 베푼 본인뿐만 아니라 상대방에게도 옥시토신이 분비됩니다.

상대방에게 옥시토신이 분비된다는 것은 당신에 대한 호감도가 높아진다는 증거입니다. 상대방이 당신을 좋아하게 되고 또 당신을 응원하게 된다는 뜻입니다. 다른 사람이 내게 친절을 베풀면 "감사합니다"라는 말이 절로 나옵니다. 감사의 마음이 자연스럽게 생겨납니다.

그리고 "감사합니다"라고 말하면 엔돌핀이 분비됩니다. 엔돌핀은 모르핀보다 통증을 완화하는 효과가 6.5배나 되는 '뇌내 마약'으로 최강의 행복 물질입니다. 엔돌핀이 분비되면 행복으로 충만해진다고 할 수 있습니다.

감사한 마음을 표하면 본인뿐만 아니라 상대방에게도 엔돌핀이 분비되어 모두가 행복해집니다. 친절한 대접을 받으면 고마워하고, 자연스레 그 친절에 보답하면 상대방 또한 고마워합니다. 이것이 바로 친절과 감사의 연쇄 작용, 옥시토신과 엔돌핀의 행복 연쇄 반응입니다.

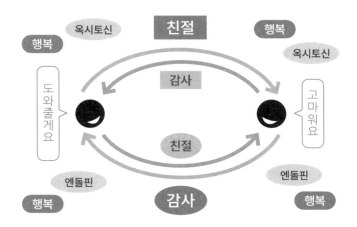

친절과 감사가 불러일으키는 행복 연쇄 반응

타인의 긍정적인 면에 주목하는 사람

이렇게 타인에게 공헌하면 자신과 상대방 모두 행복해집니다. 나의 불행이 아닌 상대방의 행복에 초점을 맞추다 보면 자신의 사소한 고민은 더 이상 신경이 쓰이지 않게 됩니다.

타인에게 공헌을 하라는 말을 들어도 당장 어떻게 해야 할지 막막할 수 있습니다. 그렇다면 '친절'이라고 바꿔 생각하면 됩니다.

▶ 아내가 말하기 전에 스스로 나서서 쓰레기를 버린다.

▶ 직장에서 일거리가 많은 사람이 있으면 도와준다.

▶ 길을 잃은 사람을 보면 도와준다.

이런 게 모두 친절입니다. 그리고 공헌이기도 합니다. **꼭 봉사 활동이나 금전적인 기부만이 공헌이 아닙니다. 남에게 도움이 되는 일, 상대방이 '도움이 되었다', '기쁘다', '고맙다'고 생각할 일을 하면 됩니다.**

남을 친절하게 대하려고 하면 신기한 일이 일어납니다. 우선 그러기 위해서는 상대방의 마음을 생각해야 하기 때문이죠. '이 사람, 힘들지 않을까?', '힘들다면 어떤 점이 힘들까?'라면서 상대방의 마음이 되어 상대방의 행동을 관찰해야 친절을 베풀 수 있습니다. 즉, 공감력을 키우는 훈련을 할 수 있습니다. 나만 생각하는 것을 버리고, 남에게 친절을 베풀고, 공헌하려고 하면 '주세요 인간'도 '주는 인간'으로 변신할 수 있습니다.

이것은 달리 말하면 '나의 부정적인 면에 주목하는 사람'에서 '타인의 긍정적인 면에 주목하는 사람'으로 전환하는 것이기도 합니다.

친절, 감사, 공헌.

쉽지 않은 일이지만 일상적으로 할 수 있게 되면, 당신은 고민에서 벗어나고 긍정적인 감정에 휩싸여 행복한 마음으로 살아갈 수 있습니다.

언어화의 마력[정리]

	STOP	GO
말 WORD	말로 하지 않기 부정적인 말 험담, 비방, 중상모략, 자책 다른 사람 탓하기 바보, 죽어라, 젠장 상담하지 않기	말로 표현하기 긍정적인 말 응원 긍정적인 피드백 좋아요! 고마워요 상담하기
행동 ACTION	테이커(taker) 나만 중요하다고 생각하기 스마트폰 중독, 과다한 정보 부정적인 인풋 (불안해질 정보 모으기) 고독 아무에게도 말하지 않기 마음의 문 닫기 뇌를 피로하게 만드는 행동 고집, 집착하기	기버(giver) 타인을 기쁘게 하기 멍하게 있기 긍정적인 인풋 (안심할 수 있는 정보 모으기) 연결 다른 사람과 이야기하기(소통) 마음의 문 열기(자기 개방) 뇌를 회복시키는 행동 포기하기, 버리기
기본 BASE	수면 부족(6시간 이하) 운동 부족 밤샘, 밤낮 바뀌기	충분한 수면(7시간 이상) 정기적인 운동 규칙적인 생활
(결과로서의) **감정** MOOD	불안 긴장 비관 힘들다, 괴롭다	안심 휴식 낙관 즐겁다, 기쁘다

단지 아픔을 말로 표현했을 뿐인데
왜 다른 느낌이 드는 걸까?

끝까지 읽어주셔서 감사합니다. 이제 당신의 고민은 해소되었나요? 이 책을 통해 당신의 부정적인 기분이 해소되고, 조금이라도 마음이 가벼워졌다면 정말 좋겠습니다.

언어화의 마력

언어로 표현하는 것만으로도 고민이 사라집니다. 기분이 상쾌해집니다. 그리고 말은 다른 사람에게 용기를 주고, 스스로에게도 용기를 줄 수 있습니다. 말에는 굉장한 힘이 담겨 있습니다. 그것을 저는 '언어화의 마력'이라고 표현하고 싶습니다.

'언어화'를 풀어서 말하자면 자신의 의견을 언어로 분명히 표현하고, 쓰고, 전달하는 행위입니다. 이것은 사람과 사람 사이에 일어나는 소통, 사적인 인간관계뿐 아니라 사회적 인간관계에까지 광범위하게 영향을 미칩니다.

만약 자신의 속마음과 생각을 언어로 능숙하게 표현할 수만 있다면 인생은 반드시 좋은 방향으로 흘러가게 되어 있습니다. 또 일단 언어화를 하고 나면 기억에 더 확실하게 남습니다. 행동으로 옮기기도 더 쉬워집니다. 그러므로 언어로 표현만 잘할 수 있다면 고민의 대부분은 사라지는 것이죠.

자신의 감정과 생각은 언어화하지 않으면 타인에게 전달되지 않습니다. 언어화해서 외부로 발산해야만 현실을 바꿀 수 있습니다. 그렇다고 해서 내향적인 성격을 외향적으로 바꾸라는 말이 아닙니다. 그저 언어화하는 능력만 키우면 됩니다. 또 말을 많이 하라는 말도 아닙니다. 단 몇 마디만으로도 중요한 순간에 핵심을 전달할 수 있습니다. 언어화가 능숙해지고 전달력이 좋아지면 인간관계가 좋아지고 직장 내 평가가 높아지는 것은 당연하게 따라오는 과정입니다. 이렇듯 '언어화'는 엄청난 힘을 갖고 있습니다. 그래서 '마력'이라고 표현한 것입니다.

말하지 못해서 더 아픈 사람들

이나모리 가즈오 씨의 책 『어떻게 살아야 하는가』(다산북스, 2022)를 읽고 삶의 방식을 바꿔야겠다고 생각하는 분들이 있습니다. 하지만 이 책에 삶을 바꿔야 하는 과학적 근거나 인용이 등장하는 것은 아닙니다. 오로지 이나모리 씨의 언어, 그의 이야기가 들어 있을 뿐입니다. 이 말인즉슨 과학적인 증거나 실험 결과 같은 것이 없어도 언어의 힘만으로도 타인의 마음을 움직일 수 있다는 뜻입니다.

정신의학계에서는 과학적 근거를 바탕으로 의료 행위를 하는 '근거중심의학(Evidence-Based Medicine)'에 대항하여 내담자의 말과 이야기에 더 귀를 기울이자는 '내러티브중심의학'이 최근 더 주목받고 있습니다.

과학적 근거에만 주목하기보다는 내담자 한 사람 한 사람의 이야기, 경험, 독특한 상황을 이해하는 것이 치료에 훨씬 도움이 되기 때문입니다.

그래서 저 또한 이 책에서는 과학적 근거에 해당하는 이야기는 최대한 자제했습니다. 편도체의 역할이나 옥시토신 등의 호르몬에 대한 이야기를 빼고는 거의 하지 않았습니다. 그보다는 30년 동안 정신과 의사로 일하면서 있었던 일들, 유튜브를 운영하면서 4000건 넘는 고민에 답변하는 과정에서 있었던 여러 사건들 등등 저의 경험에서 우러나온 농축 주스 같은 '진짜 리얼한 말'을 전하고 싶었기 때문입니다.

인간관계의 고통, 열쇠는 '언어화 능력'

또 정신과 의사로서 '언어'에 대한 심리학 책을 쓴 이유가 한 가지 더 있습니다. 그것은 바로 코로나19라는 희대의 사건을 겪으면서 언어화가 더 중요한 시대가 되었기 때문입니다. 무엇보다 사람을 만날 기회가 줄어들고, 접촉이 없다 보니 언어화 능력과 사회화 능력이 퇴화하여 고통을 토로하는 사람들이 늘어났습니다.

이를 해결하기 위한 가장 중요한 열쇠가 바로 '언어화 능력'입니다. 자신의 생각과 마음을 언어로 표현하는 습관이 자리 잡는다면 일도 인간관계도 고민도 잘 풀리고 우리의 삶도 훨씬 더 편안해질 거라 확신합니다. 이 책이 그 과정에서 조금이나마 도움을 줄 수 있다면 정신과 의사로서 그보다 더 큰 행복은 없을 것입니다.

정신과 의사

가바사와 시온

| 참고문헌 |

▪ 국내 출간 도서

『미움받을 용기』(기시미 이치로, 고가 후미타케, 전경아 옮김, 인플루엔셜, 2014)

『인생에 지지 않을 용기』(알프레드 아들러, 오구라 히로시 해설, 박미정 옮김, 와이
　　즈베리, 2014)

『브레인 룰스』(존 메디나, 정재승 감수, 서영조 옮김, 프런티어, 2009)

『브루스 맥쿠엔의 스트레스의 종말』(브루스 맥쿠엔, 최준식, 이연경 옮김, 시그마
　　북스, 2010)

『인스타 브레인』(안데르스 한센, 김아영 옮김, 동양북스, 2020)

『생활 속에서 실천하는 세로토닌 뇌 활성법(아리타 히데호, 윤혜림 옮김, 전나무
　　숲, 2016)

『하루 세 줄, 마음정리법; 일본 최고 의사가 전하는 스트레스 리셋 처방전』(고바야
　　시 히로유키, 정선희 옮김, 지식공간, 2015)

『기브앤테이크 Give and Take; 주는 사람이 성공한다』(애덤 그랜트, 윤태준 옮김,
　　생각연구소, 2013)

『팩트풀니스』(한스 로슬링,올라 로슬링,안나 로슬링 뢴룬드, 이창신 옮김, 김영사,
　　2019)

『아웃풋 트레이닝』(가바사와 시온, 전경아 옮김, 토마토출판사, 2019)
『나는 이제 마음 편히 살기로 했다』(가바사와 시온, 조해선 옮김, 북라이프, 2021)

▪ 미출간 도서

『상사가 당신에게 요구하는 심플한 50가지(あなたが上司から求められているシンプルな50のこと)』(하마다 히데히코, 실무교육출판)

『행복은 당신 주변에 있다(幸せはあなたのまわりにある; ポジティブ思考のための実践ガイドブック)』(스가 히데미치, 금강출판)

『정신과 의사가 발견한 3가지 행복(精神科医が見つけた 3つの幸福; 最新科学から最高の人生をつくる方法)』(가바사와 시온, 아스카신사, 2021)

『브레인 멘탈 강화 대전(ブレインメンタル強化大全)』(가바사와 시온, 생크츄어리, 2020)

『의사결정이 90% 좋아지는 무의식 단련법(意思決定が9割よくなる 無意識の鍛え方)』(모기 겐이치로, KADOKAWA, 2022)

『The Five Side Effects of Kindness』(David R. Hamilton, Hay House Pub, 2017)

▪ 논문

「신종 코로나 바이러스 감염증과 마음의 케어(新型コロナウイルス感染症とこころのケア)」니가타대학 의과대학 정신의학 교실 http://www.niigata-dp.org/corona/

Tsutsumi et al, Prospective Study on Occupational Stress and Risk of Stroke. Archives of Internal Medicine. 2009; 169 (1): 56-61

Karasek, R and Theorell, T, Healthy Work: Stress, Productivity, and theReconstruction of Working Life. Basic Books, 1990.

가바사와 시온 樺沢紫苑

일본에서 대중적인 활동을 가장 활발히 하는 정신과 의사 중 하나이자 베스트셀러 작가, 45만(23년 6월 기준) 구독 유튜브 채널 '가바사와 시온의 가바 채널' 운영자이다.

1965년 홋카이도에서 태어나 1991년 삿포로 의과대학 의학부를 졸업했다. 2004년부터 미국 시카고 일리노이 대학에서 3년간 공부한 후 일본으로 돌아와 심리학 연구소를 세웠다. 2014년부터는 '정신질환 및 자살 예방을 위해 정보를 제공한다'는 목표로 유튜브 채널을 운영 중이다. 지금까지 40종이 넘는 책을 출간했고 그중 수많은 책이 베스트셀러가 되었다. 국내에도 현지 판매 70만 부 베스트인 『아웃풋 트레이닝』을 비롯해서 『당신의 뇌는 최적화를 원한다』, 『나는 한 번 읽은 책은 절대 잊어버리지 않는다』, 『신의 시간술』, 『나는 이제 마음 편히 살기로 했다』 등 여러 권이 소개되었다.

최신작이자 대표작으로 자리매김한 이 책 『말로 표현하면 모든 슬픔이 사라질 거야』(원제: 언어화의 마력言語化の魔力)는 '고통을 언어로 표현하는 방법만 터득해도 상처의 90%가 치유된다'는 주제로 출간 직후 종합 베스트 10위권에 진입했고 지금도 큰 사랑을 받고 있다.

저자 스스로가 자신의 임상 경험 30여 년, 그리고 유튜브를 운영하는 약 9년 동안 고민 상담에 답한 4000개의 영상 내용을 집대성한 작품이라고 밝힌 이 책은 일본 글로비스에서 주관하는 독자가 뽑은 비즈니스서 그랑프리 2023 자기계발 수상작으로 선정되었다.

이주희

한국외대 일본어과를 졸업한 후 해외의 좋은 책들을 국내에 소개하는 저작권 에이전트로 오랫동안 일했다. 옮긴 책으로는 『말로 표현하면 모든 슬픔이 사라질 거야』, 『자존감이 쌓이는 말, 100일의 기적』, 『집에서 혼자 죽기를 권하다』, 『무조건 팔리는 카피 단어장』, 『이상하게 돈 걱정 없는 사람들의 비밀』, 『N1 마케팅』, 『아, 그때 이렇게 말할걸!』, 『아이디어를 현실로 만드는 기획력』, 『매력은 습관이다』 등이 있다.

1판 1쇄 인쇄 | 2023년 7월 14일
1판 1쇄 발행 | 2023년 7월 18일

지은이 | 가바사와 시온
옮긴이 | 이주희
발행인 | 김태웅
책임편집 | 박지호   기획편집 | 정상미, 엄초롱
디자인 | design PIN
마케팅 총괄 | 나재승
마케팅 | 서재욱, 오승수
온라인 마케팅 | 김철영, 김도연
인터넷 관리 | 김상규
제   작 | 현대순
총   무 | 윤선미, 안서현, 지이슬
관   리 | 김훈희, 이국희, 김승훈, 최국호

발행처 | (주)동양북스
등   록 | 제2014-000055호
주   소 | 서울시 마포구 동교로22길 14 (04030)
구입 문의 | 전화 (02)337-1737 팩스 (02)334-6624
내용 문의 | 전화 (02)337-1739 이메일 dymg98@naver.com
네이버포스트 | post.naver.com/dymg98
인스타 | @shelter_dybook

ISBN 979-11-5768-936-1 03190